중개실무 성공법칙

본 교육이 여러분의 중개업에 큰 힘이 되길 바라며,

시간과 에너지를 줄여드릴 수 있는

도서가 되길 바랍니다.

저자 직강!
위패스에서 진짜를 만나세요.

맨땅에 헤딩은 이제 그만! 당신의 고민은 수익이 된다

중개실무
성공
법칙

이승주 행정사 · 공인중개사

추천사

대부분의 중개사들이 법규를 제대로 이해하지 못한 채 실무와 법규가 다르다고 치부해버리는 현실 속에서, 중개 실무를 법적인 관점에서 깊이 있게 풀어내려 노력하는 이승주 중개사님께 깊은 감탄을 금치 못합니다.

수많은 중개사를 만나 보았지만, 민법적인 대화가 가능한 사람은 거의 없었습니다. 그런 상황에서도 저와 유일하게 민법적 지식과 견해를 나누며 '티키타카'가 가능했던 분이 바로 이승주 중개사님이었습니다. 그와 중개 실무에 대해 몇 마디 대화를 나누다 보면, 단순히 경험에만 의존하는 일반적인 중개사와는 차원이 다르다는 것을 금방 알 수 있습니다.

이러한 해박한 법적 소양은 그가 행정사 자격증을 취득하게 된 근간이 되었다고 생각됩니다. 얼마 전 그의 부탁으로 중개실무 프리미엄 강의에 쓰이는 교재 『중개고수 비밀노트』의 일부 챕터 감수를 맡는 영광을 갖게 되었습니다. 중개 고수들도 저에게 많이 질문하는 정말 까다로운 상위 1% 질문들에 Q&A 형식으로 답하고, 120여 개에 달하는 특약 관련 질문에 수백 개의 예시 특약으로 답하는 정말 프리미엄 교재였습니다. 이 책의 감수를 맡는 동안 저는 이승주 중개사님의 현장 경험과 법률 지식이 완벽하게 조화된 것에 놀라움을 금치 못했습니다.

  이처럼 법적 소양에 근거를 둔 그의 중개 실무는 단순히 거래를 성사시키는 것을 넘어, 고객에게 진정한 신뢰와 안전을 제공한다고 생각합니다. 중개사의 가치는 중개사 스스로 만들어내는 것임을 몸소 보여준 멋진 중개사이자 행정사인 이승주 작가님의 이번 교재와 실무 강의는 중개업의 새로운 길을 개척하려는 많은 분께 큰 힘이 될 것이라 확신합니다.

김묘엽 민법 교수

추천사

　　서평단으로 공인중개사 실무와 관련된 책들을 읽어 본 적이 있습니다. 단순히 마케팅 부분만 언급하며 맥락 없이 서술한 책들이 많았습니다. 그러나 본서는 공인중개사 합격생들의 삶이 궁금하신 분, 개업 준비부터 공인중개사로 자리 잡기까지의 전 과정이 궁금하신 분들을 위한 책입니다. 또한 직종에 상관없이 개업 이후 자립하기 위한 방법, 그리고 이 시대를 살아가는 한 사람으로서의 자세까지 알려줍니다.

　　많은 개업공인중개사들이 이 힘난한 경쟁 사회에서 살아남기 위해 갖추어야 할 단계를 저자는 본인의 경험담과 더불어 QR코드, 성공키트 등을 통해 제시합니다. 앞으로 개업공인중개사가 되실 분들, 현재 현업에 종사하는 많은 공인중개사님들에게 친절하고 편안한 문장으로 설명합니다.

　　본서는 반나절이면 독자들에게 '할 수 있을까?'라는 의문에서 '할 수 있다!'라는 확신을 심어줄 것입니다. 서비스, 제품, 재화 등을 취급하는 어떤 직종이든 첫 시작을 무엇부터 어떻게 해야 할지 알지 못한다면, 꼭 한 번 읽어 보시길 권합니다. 저 역시 법무사업을 할 때 벤치마킹할 생각입니다. 본서에서 말하는 방법을 실행한다면 여러분도 성공할 수 있습니다. 나이는 어리지만, 먼저 경험한 선배인 저자가 여러분을 성공의 길로 안내해 드릴 겁니다.

더불어 이승주라는 사람의 미래가 너무 궁금합니다. 본서를 읽으신 제2, 제3…의 이승주가 곳곳에서 많이 나오시길 개인적으로 바래봅니다.

김미영 법무사

들어가며

　　본서를 집필하면서, '분량'에 대한 어려움이 컸습니다. 저는 더 많은 내용을 담아 알려드리고 싶었지만, 그렇게 완성된 초안의 예상 페이지를 보니 거의 백과사전 같았습니다. 본서를 통해 알려드리지 못한 부분은 저의 중개 실무 강의에서 꼭 말씀드리겠다 다짐하고, 따로 목차를 정성스레 적어 옮겨 별도의 파일로 만들었습니다. 그만큼 중개실무의 영역은 정말 광범위합니다. 모두 사람 간의 일을 처리하는 것이고, 변수가 많기 때문입니다. 무엇보다, 가장 큰 재산을 다루는 일을 하기에 그렇습니다. 공부를 많이 하고 아는 것이 많으면 많을수록 강한 중개사가 될 뿐 아니라, 사고를 예방하는 지름길이 될 것입니다. '기본'만 충실해도 사고는 나지 않겠으나, 더 나아가 법률 전문가로서, 전문 자격사로서 일취월장하고 또 실무에서 큰 바다로 나가기 위해서 공부는 선택이 아닌 필수입니다.

　　본서는 제가 7년 간의 중개경험 중, 개업 시부터 초반에 자리를 잡는 과정들까지 '기초'에 대한 부분을 다루었습니다. 이후에 제가 베테랑이 되어가는 과정에서, 지식의 수준이 높아지는 과정에서도 어려운 일들도 많이 겪었습니다. 또한 동종업계에서 일하시는 분들에게도 많은 문의를 받으며, 도움을 드리기도 했습니다. 그렇게 무수히 받았던 질문들 수 천가지 중에, 소개하면 좋겠다고 생각하는 질문들을 모으고 또 집약하여 짧고 굵게 설명하는 집약서로 심화서를 집필했습니다. 실제 그 많은 Q&A를 다 담을 수는 없었기에 실무에 유용한 Q&A를 엄선하여 집필했습니다. 명확한 대법원 판례가 있는 경우나 법령해석이 명확한 사안들에 한한 질문들을 수록하려 노력하였습니다.

  공인중개사법 강사로서 느낀 점은, 실제 출제를 할 때 공인중개사법령과 부동산 거래 신고 등에 관한 법령에서 약 70% 가량의 문제를 출제하는 데에는 이유가 있다는 것입니다. 자격을 주기 위한 시험으로서, 실무의 기본과 민법적 지식도 필요하기에 나머지 30%에서 중개실무로 출제를 하더라도, 공인중개사법을 정확히 숙지하고 거래 신고에 대한 부분을 정확히 숙지하여 사고를 예방할 수 있는 자격을 갖춘 자가 전문가로서의 자질이 있다고 판단한다는 것입니다.

  기초서에 수록된 부분들은 개업을 하는 과정, 실무에서의 기본적인 유의사항과 영업 스킬이 들어있습니다. 물론, 본서를 읽는 이유에는 단순히 법령을 다시 공부하고자 아님을 알기에, 실무에 유용한 팁이나 법령에는 존재하지 않는 실무상의 상도덕, 노하우 등을 함께 수록하여 유익함을 배가시키고자 했습니다.

본서의 끝에는 초보 중개사로서 실무에서 꼭 필요한 등기 기초 용어와 헷갈릴 수 있는 용어의 차이를 공부할 수 있도록 '특별부록'을 준비하였습니다. 책의 마지막 페이지까지, 본서를 통하여 한 글자라도 더 도움을 받으셨으면 하는 마음입니다.

또한, 성공키트라고 하여 QR코드가 곳곳에 배치되어 있을 겁니다. 책을 보시면서 QR이 보이면 휴대폰 카메라로 QR 링크에 꼭 가셔서 내용을 확인해보세요. 좋은 정보를 독자분들에게 전달할 수 있도록, 따로 QR로 생성해두었습니다. 부디 본서가 중개업에 입문하는 초보 공인중개사분들과에게 유익한 지침서가 되길 바랍니다. 더하여, 본서가 공인중개사 시험을 합격한 분들 및 기초적인 실무 지식·정보가 필요한 많은 분들에게도 좋은 선물로서 전달되길 바랍니다.

-실무 현장에서 먼저 여러분을 기다리며,
행정사&공인중개사 이승주 드림-

Prologue

    중개업계에는 아무도 알려주지 않는 부동산 상도덕이 존재합니다. 별도의 생태계(?)라고 해도 무방한 무수히 많은 규칙과 해야 할 일이 존재합니다. 그리고, 무엇보다도 사람과의 일이기 때문에 베테랑들도 때로는 고전하는 분야가 중개업입니다. 다만, 처음부터 기초를 잘 다지면 분명 탄탄하게, 뿌리깊게 비바람에도 흔들리지 않는 중개사가 될 수 있습니다. 본서인 중개실무서 기초편에서는 그 기초적인 초석을 다잡고 단계별 성공 로드맵을 제시하고자 합니다. 사소하지만 크게 변할 수 있는 점들로 선을 만들 수 있는, 성공할 수 있는 '진짜 실무'를 담고자 했습니다.

    다음으로, 초보, 고수 가릴 것 없이 단골 손님 만드는 차별화 전략은 멀리 있지 않았습니다. 2019년, 개업 후 2주 만에 첫 계약을 했던 때가 기억납니다. 친동생의 지인으로 조그마한 오피스텔을 계약했는데, 그 당시에는 정말 아무것도 모르던 저를 선택하여 계약해주시던 손님에게 너무 고마운 마음으로 소정의 선물을 드렸습니다. 보수도 할인을 해드린 까닭에 15만 원 남짓이었는데, 첫 계약을 한 터라 마치 첫 월급 받은 것처럼 어머니께 10만 원을 드렸습니다. 그리고 첫 계약을 할 수 있도록 지인을 소개하여 징검다리 역할을 해 준 동생에게도 3만 원을 주었습니다. 남는 것 하나 없는 첫 계약이었지만 새로운 경험과 짜릿함이 있었습니다. 그러면서, 앞으로의 구만리 미래에 대한 두려움도 컸습니다. 제게는 그 누구도 알려주는 사람이 없었기 때문입니다. 그렇지만 첫 계약 때부터 제 성격대로, 예의 바르게 임하자는 마음으로 다른 건 몰라도 성실하게, 꾸준히 해보자는 마음가짐 하나는 자신이 있었습니다. 또한 받는 기쁨과는 다른 느낌의 주는 기쁨이 있더군요. 그 때부터 저를 믿고 계약해주시는 손님들께, 제 평소의 성격대로 인사치레를 했습니다. 그런 습관은 쌓이고 쌓여 여러 단골 손님들을 만들었고, 손님들의 소개로 새로운 손님들로 붐비게 되었습니다. 작은 습관이 모여 큰 결과를 이룹니다. 단지 '책팔이', '강의팔이' 라는 말을 듣지 않도록, 제가 맨땅에 헤딩하여 단골을 만들며 지금까지 오면서 겪은 노하우들을, 초보 개업공인중개사 때의 절실한 마음을 기억하여 꾹꾹 눌러담았습니다.

본서는 단순한 정보의 나열을 넘어, '마음가짐 → 창업 → 실무 → 영업노하우 → 브랜딩'이라는 명확한 성장 단계를 밟는 하나의 완결된 '성공 로드맵'이 되도록 구성하였습니다. 책 이름인 『중개실무 성공법칙』처럼 '성공'을 할 수 있는 희망을 드리고 싶었습니다.

이번 도서의 핵심은 '컴팩트함'입니다. 책 한 권으로 실무를 끝낼 수 없을뿐더러, 아무리 담고 또 담아도 끝이 나지 않는 게 '인간관계'로 시작하는 중개실무입니다. 비록 다 담지 못하였지만, 정말 꼭 알았으면 하는 것은 모두 담고자 최선을 다했습니다.

또한, 좋은 입지에 위치하지 않았음에도 중개업으로 자리를 잡을 수 있었던 저의 노하우를 담고자, 온라인 마케팅과 SNS의 내용을 한 챕터에 담았습니다.

모든 내용은 제가 직접 경험하고 느낀 것이기에, 생존을 위하여 치열한 사투를 벌여왔던 저의 기록들, 그리고 중개업을 먼저 경험해 보며 느낀 점들을 담아 여러분들에게 '좋은 선봉대장'이 되어드렸으면 합니다. 초보 중개사 때에는 도무지 이해할 수 없는, 실무를 하면서 정말 어려웠던 내용들을 모아 Q&A 25선과 함께 특약을 모두 묶어 심화서도 함께 집필했습니다. 여러분은 그에 앞서, 기초 중개 실무의 현장에 들어왔습니다.

만 6년 전, 저는 맨땅에 헤딩하며 치열하게 부딪치고 깨졌습니다. 그렇게 절차탁마하며 오늘날까지 성장하게 되었습니다. 이제 맨땅에 헤딩은 그만! 중개실무라는 야생에서 제가 숲을 헤치고 나아갈 테니, 여러분은 저를 따라 생존법칙을 배워봅시다!

목 차

- ◆ 추 천 사   4
- ◆ 들어가며   8
- ◆ Prologue   11

01
Mindset : 프로 중개사의 마음가짐
(초보의 막막함을 '프로의 자신감'으로 바꾸는 마인드셋 과정)

1. 합격, 그 이후 : 현실의 문 앞에서   23
　합격 후 부딪친 현실, '막막함'은 정상 신호   25
　경험에 앞서 태도가 먼저다 : 초보에게 필요한 건 '자세'   26

2. 나의 길 찾기 : 소공 vs 개공 vs N잡러   28
　직장형, 독립형, 부업형 : 나에게 맞는 업무 스타일   29
　'중개사' 직업의 오해와 진실   31
　N잡러 시대의 개업 중개사, 성공적인 겸업 전략   33

3. 실패하지 않는 시작을 위한 준비   44
　살아남기 위한 1단계는 '방어력' : 배움과 겸손   45
　고객은 무엇을 기대하는가 : '진심'과 '정보력' 사이   49

02
startup : 개업 A to Z, 가장 현실적인 창업 가이드
(실패 없는 개업 준비 과정)

1. 개업 준비 로드맵 & 현실 예산표	**55**
한눈에 보는 중개사무소 개업 흐름	56
2. 입지 전략 : 어디에 터를 잡을 것인가	**65**
상권분석만큼 중요한 '나만의 필드' 찾기	65
회원제와 비회원제, '자릿값'의 비밀	68
3. 공간 브랜딩 : 인테리어와 실무 환경	**76**
사무소 명칭, 간판, 명함 : 초보 중개사의 첫 브랜딩	77
소박하지만 신뢰를 주는 인테리어 소품 전략	84
4. 개업 전, 개업 초반	
미리 준비해두면 좋은 꿀팁 모음	91

03
Welcome to 야생! : 실전 중개 기술
(계약서 한 장 쓰지 못하던 왕초보를 계약률 높은 실전전문가로 만드는 과정)

1. **고객 응대 : 고객은 어떻게 오는가**   **103**
   문의전화와 방문을 계약으로 바꾸는 실전 응대 스크립트   104
   장담컨대, 이것만 해도 상위 5% 안에 든다.   110

2. **생존 전략 : 개업 후 첫 30일**   **112**
   탄탄한 하드웨어 구축하기   113
   첫 손님, 첫 계약까지   116
   처음부터 상담료를 받을 생각은 아니겠죠?   118

04
혼자만 몰래 Level-up :
소수만 아는 프로 중개사의 비밀
(1년 안에 자리 잡고 성장하는 방법

경쟁에서 이기는 디테일, TOP SECRET 공개)

1. '소공'에게 알려주지 않는 성공의 법칙　　　　125
    '마음속' 전속중개를 만드는 고객 관계의 기술　　127
    1명의 진짜 손님, 10명의 손님을 데려오는 추천의 법칙　131
    공동중개, 상대를 내 편으로 만드는 상생의 기술　　133
    소액으로 거액 만드는 '10억짜리 전화번호부'　　138
    두 건을 계약해야 하는 손님, 최소 한 건이라도 잡자　143
    계약 확률을 높이는 꿀팁　　145

2. 효율성의 비밀 : 매물 광고의 최소 비용과 최대 효과　148
    광고비 없이 최상위 노출하는 방법　　150
    많은 매물 없이도 매출 부자 되는 방법　　159
    광고비의 함정　　161
    여러 개 씨 뿌리기 vs 한 개 집중하기 : 매물 소화 전략　162
    '아이폰 vs 갤럭시' : 중개업에는 무엇이 좋을까?　　165

05
Branding '나'를 파는 시대, 디지털 퍼스널 브랜딩

('동네 중개사'를 넘어
'대체 불가능한 전문가'로 거듭나는 과정)

1. 콘텐츠 전략 : 무엇을, 어떻게 보여줄 것인가   **171**
    블로그, 유튜브, 인스타그램 : 채널별 특징과 공략법   172
    지식 vs 재미   178

2. 실전 브랜딩 : 오늘 바로 시작하기   **181**
    얼굴을 드러낼 것인가, 숨길 것인가 : 익명 vs 실명   183
    "우와~ 실제로 뵈니 신기하네요!"   186

◆ **마치며**   **190**
    꾸준함이 가장 큰 재능이자, 성실함이 가장 큰 무기다.   190
    혁신가가 될 게 아니라면, 어차피 레드오션에서 시작한다.   192

◆ **초보중개사를 위한 용어 특별부록**   **194**

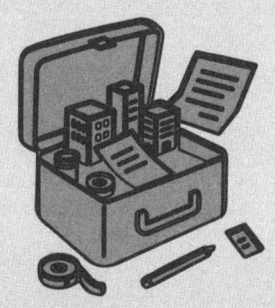

Mindset
프로 중개사의 마음가짐

초보의 막막함을 '프로의 자신감'으로
바꾸는 마인드셋 과정

1
합격, 그 이후 : 현실의 문 앞에서

　꿈만 같던 시험 합격 순간, 그 기쁨의 순간을 필자도 잘 안다. 합격자 발표날의 떨림보다 시험 후 당일 가채점을 할 때의 떨림이 훨씬 심했던 기억이 난다. 답안지 마킹 실수만 없다면 합격을 확정하는 그 순간은 필자가 개업 후에도 꾸준히 민법과 중개업의 공부 및 독서, 그리고 최근 행정사 합격까지 빠짐없이 다녔던 스터디 카페에서였다. 한 과목씩 살 떨리는 채점을 하고 끝내 마지막 공시법, 세법까지 점수를 확인한 후의 합격을 확인한 순간 차마 소리를 지를 수 없어 입이 찢어질 뻔했던, 그 순간을 생생히 기억한다.

　당시엔 몰랐다. 실무에서 이렇게 진흙탕같이 힘든 일들이 많았을 줄은. 그리고 그보다 훨씬 어려운 행정사 공부를 하게 될 줄은. 필자가 행정사라는 자격사의 공부와 합격까지 이야기하게 된 이유가 있다. 합격 후 공인중개사가 된 이들은 크게 3가지로 갈린다.

개업, 취업, 그리고 이어서 탄력을 갖고 다음 자격사를 준비하는 것이다. 공부할 때에는 너무 힘들고 고독하지만, 합격이라는 기쁨을 맛본 이들은 그 중독성에서, 그 성취감과 자존감이 올라가는 기분에서 쉽게 벗어나지 못한다. 그렇기에 다음 자격사를 연달아 준비하며 자신의 미래를 준비하기도 한다. 학원가에서는 연계 자격증이라고 하여 시너지가 생기는 자격증을 홍보하고, '시험이 점점 다 어려워지는데 기왕 공부한 김에 한 개만 더 취득해볼까?'라는 생각도 많이 할 것이다.

바로 연달아 공부도 좋지만, 우선 '실무를 경험해 보라'고 조언하고 싶다. 시간은 만들면 있다. 당시 3잡을 하며 공인중개사 동차 6개월, 행정사 시험은 6잡을 하며 새벽 공부로 합격했기에 시간은 누구보다 부족했고 또 그만큼 절실했기에 잘 안다. 우리가 자격을 취득하려는 이유는, 취득 후 책상에 고이 모셔두기 위함이 아니다. 이 자격사로 일을 하여 돈을 벌기 위함이다.

합격 후 부딪친 현실, '막막함'은 정상 신호

합격 후 현실의 문 앞에서 고민하는 여러분의 상황은 지극히 당연하다. 이럴 때 먼저 부딪치는 것을, 문을 열고 실무의 세계로 들어가 보는 것을 추천한다. 막막하겠지만, 누구나 같은 고민을 한다. 다만, 긍정적인 부분은 공인중개사는 역량에 따라 시작하자마자 수입을 바로 창출할 수도 있고, 연령대나 성별에 따라 고충은 달라지겠지만 취업의 문도 충분히 열려있다.

우선 움직여야 한다. 움직이면 길이 보인다는 말을 꼭 해주고 싶다. 앉아서 고민만 하면 바뀌는 것이 없다. 필자 역시 늘 고민을 달고 살고, 누구나 하는 고민을 똑같이 했다. 조금씩 움직이다 보니 우공이산(愚公移山)이 되었다. 아무것도 하지 않고 막막하게 고민만 했다면 절대 지금과 같이 지낼 수 없었을 것이라 확신한다.

정말 맨땅에 헤딩하여 개업했고, 그러면서 배수의 진을 치고 매일 실무와 법을 공부해가며 손님과 만났다. 계약의 건수와 다양한 상황들을 부딪치며 경험치가 늘었고, 이러한 내용을 일기로 적고 또 공부한 것은 유튜브로 촬영했다. 그러다 보니 강의 제안이 왔고, 시급 2만 원을 받던 시작과 달리 그의 10배 이상을 받고 매월 강의가 꽉 차고 있다. 유튜브는 구독자가 1만 8천 명이 되었으며, 조금씩 써왔던 일기가 책이 되었고 현재 본서가 4번째 저서가 되었다. 움직이다 보면 누군가를 만난다. 길이 보이고, 방향이 보인다. 내가 뭘 잘하는지, 뭘 더 원하는지를 말이다. 경험하지 않으면 절대 알 수 없다. 필자가 늘 자주 하는 말인데, 점이 모여 선이 된다. 순간순간의 선택이 모여 지금의 자신이 된 것이다. 막막했던 공부를 할 때에도, 합격까지의 기나긴 여정 역시 독자 여러분은 이겨냈다. 실무도 마찬가지다. 처음에 모르는 것 투성이인 것은 당연하다. 앞 일을 모르기에 막막한 것이다. 하지만 우선 부딪치고 움직이면 방향이 보이고 자신에 대해 알게 된다. 타 자격사 공부를 더 해야 할 것인가, 개업을 할 것인가, 소공(소속공인중개사)으로 더 일할 것인가를 말이다.

경험에 앞서 태도가 먼저다 : 초보에게 필요한 건 '자세'

경험이 너무 중요한 것은 두말할 필요 없지만, 그에 앞서 '태도'가 중요하다. 기본적인 인성이나 소양에 대해 논하는 것이 아니다. 물론 그것은 기본이지만, 어떤 마음가짐으로 임하느냐를 말하고 싶은 것이다. 돈을 벌기 위해 일을 하지만, 처음엔 경험이 자산이라는 마인드셋이 중요하다. 그리고 처음 몇 개월은 배움이 재산이라는 마음가짐도. 처음부터 '돈이 안된다.'라는 생각으로 접근하면 추후 설사 돈을 번다 하더라도 만족을 못 할 것이고, 사상누각이

되어 큰일을 할 수가 없다. 뿌리 깊은 나무가 가장 오래 간다. 밑바닥부터, 못 벌 때부터, 차근차근 배워나가야 한다. 어떤 일도, 어떤 공부도, 어떤 누구와도 처음이 있고 기초가 있다. 단계별로 나아가야 한다.

  인생에서 가장 불행한 3가지 중에 한 가지가 '초년 성공'이라고 한다. 이는 젊을 때 한 번에 여러 단계를 건너 뛰게 되면, 배움이나 소중한 경험을 하지 않고 성공을 맛보게 되면 큰 화를 부를 가능성이 높다는 이야기다. 필자는 의도치 않게 정말 밑바닥부터 차근차근 시작해왔다. 5년 차쯤 되니, 큰 물건의 거래도 하게 되었다. '헉, 이런 돈을 내가 받는다고?' 할 정도의 금액도 받아보았다. 만약 처음부터 그런 중개를 단독으로 진행했다면, 원·투룸이나 조그마한 사무실 등의 거래는 이미 너무 높아져버린 눈높이 때문에 하지 않고 그 업무를 함에 있어 응당 겪을 수 있는 많은 경험들을 놓쳤을 것이다. 배우려는 태도, 임하는 자세, 그 마인드셋이 여러분의 중개업 앞날에 '뿌리 깊은 나무'가 될 것인지 결정해 줄 것이다.

2
나의 길 찾기 : 소공 vs 개공 vs N잡러

합격 후 취업을 할 것인지, 개업을 할 것인지, 그리고 둘 중 어느 하나를 선택한 후 N잡을 할 것인지에 대하여 알아보자. 물론, 합동사무소 형식으로 한 개의 사무실을 빌려 각각의 사업자를 내서 각자 운영할 수도 있다. 또한 온라인으로 주로 영업을 할 예정인 경우 공유 오피스를 빌려 미팅은 공용 공간에서 하고, 임장 현장에서 주로 만나 안내를 하고 헤어질 수도 있다. 주로 출장을 나가는 형식으로 진행하는 경우다. 하이엔드 오피스텔 또는 신축 분양 오피스텔 등을 전문으로 하거나 원·투룸을 다량의 광고 물량으로 승부를 두고 진행하는 이들도 있다. 이 경우 사무실이 중요하지 않고, 로드 손님 비중이 적어 2층 이상의 사무실 또는 공유 오피스를 선택한다. 다만, 본서에서는 전통적이고 대표적인 경우로 압축하여, 오프라인 1층 사무실을 기준하여 개공, 소공으로만 구분하였음을 밝힌다.

필자는 바로 개공을 선택했고, 개업하기 전부터 N잡러였다. 다만 개업 후 시간이 지나면서 중개업과 관계된 여러 N잡을 추가하게 되면서 시너지를 일으키도록 했다. 이에 대한 이야기는 뒤에 자세히 하기로 하고, 본서를 읽는 독자분들은 과연 어떤 길을 선택할지 함께 고민해 보자. 참고로, 중개법인을 개업한다면 겸업 규정이 명시되어 있음을 잊으면 안 된다. 또한, 소공을 하거나 개공을 한다면 둘 중 한 가지만 할 수 있음을 명심하자. 이중 등록, 이중 소속은 등록취소 사유와 자격정지 사유라는 점은 중개사법 강사인 필자가 언급하지 않을 수 없다.

직장형, 독립형, 부업형 : 나에게 맞는 업무 스타일

MBTI로 본인의 성격과 성향을 표현하는 시대가 되었다. 필자도 "MBTI가 어떻게 되세요?"라는 질문을 하도 받아 어쩔 수 없이 (?) 검사를 해보았다. 성격과 성향을 바탕으로 본인의 진로를 어느 정도 파악하는 데 도움을 줄 수 있다.

직장형은 리더십을 발휘하기는 힘들지만 정해진 루틴에 리더가 이끌어 주는 대로, 업무를 부여받는 대로 일을 잘 해나가는 스타일이라 할 것이다.

독립형은 누구 밑에서 일하기 힘들고, 자신이 혼자 개척해나가는 스타일, 그리고 부업형은 해당 일과 함께 다른 일을 하는 이들에게 해당된다 할 것이다.

미리 말하지만, 부업형은 절대 처음에 선택해서는 안 된다. 중개업에 대해 아무것도 모르면서 개업을 해두고 혹은 취업을 해서 다른 일을 하면서 진행한다는 것은 매우 경솔하고 무모한 행동이다. 자격증을 취득하기 전에 미리 현업에 보조원으로 오래 일하고 중개업의 생리에 대해 잘 알고 있다면 이야기가 달라진다. 혹은 정말 믿을만한 소공 또는 보조원 중 함께할 이가 있다면 훨씬 낫다. 그게 아니라면, 혼자 개업해두고 다른 일을 함께 할 생각이라면 바로 그만두는 것이 좋다. 생각보다 중개업은 배움에 끝이 없다. 필자는 7년 차임에도 매일이 배움이고 또 성장이다. '이 정도면 어느 정도 베테랑이라고 할 수 있겠지?'라고 생각했다가도, 처음 겪는 일에 당황스러울 때가 부지기수다. 나름 도가 텄다고 생각하는 본인도 이런데, 개업하자마자 곁다리로 이 일을 하겠다는 것은 경험을 해 본 결과 매우 무모하다는 것이다. 시간도 중개업은 항상 전화를 잘 받고 손님들과 조율하여야 하고 또 여러 당사자의 이해관계가 얽혀있어 모두의 시간을 다 맞춰야 한다. 그렇기에 부업형을 선택함에 있어 초보, 시작 단계의 공인중개사라면 제외하길 추천한다.

본인의 성향을 잘 알고 있는 것만으로도 진로를 선택하는 데에 훨씬 유용할 것이다. 직장형의 경우라면 대형 중개법인에 들어가

보는 것도 좋고, 동네의 조그마한 사무소에 취업하여 동네 중개사 무소는 어떻게 운영하는지 경험하는 것도 좋다.

　독립형은 아주 짧은 시간 취업을 경험해 보는 것은 좋으나, 필자와 같은 성격이라면 오래 버티기 힘들 것이다. 따라서 진취적이고 미래지향적인, 한 편으로는 공격적인 스타일을 가지고 있는 이들이라면 경험 없이 개업해도 부딪치며 몸으로 체화하는 속도는 엄청나게 빠르다는 것을 알 수 있을 것이다. 다만, 일머리가 갖춰지지 않고 게으르다면, 빠른 폐업이 예정되어 있다는 것도 명심하여야 한다. 장단점은 명확하기에 이 부분부터 확실히 짚어야 한다.

 ## '중개사' 직업의 오해와 진실

　필자의 저서 『맨땅에 헤딩, 나의 중개 일기』에도 일부 담은 내용이다. 앞서 언급한 대로 자격증 취득 후 개업만 해두면 손님이 올 것이라는 망상, 자신의 사업을 하니 워라밸이 좋을 것이라는 망상, 계약 한 건만 해도 큰돈을 벌 수 있을 거라는 망상. 모두 다 망상이다. 물론, 운이 좋게 아주 극소수는 개업 후 바로 큰 돈을 벌 수도 있다. 그리고 이전의 삶이 워낙 팍팍해서 눈높이가 낮기에 개업 후 워라밸이 안 좋다고 느끼지 않을 수도 있다. 개업만 해두면 손님이 올 수도 있다. 하지만 이 모든 부분에는 그만큼의 반대급부가 따른다는 것이 인생의 이치다.

목이 아주 좋은 곳에 위치하거나 아파트 단지 내 자리 잡은 중개사무소를 인수하는 경우, 손님이 바로 올 수 있다. 하지만 이 경우는 큰 권리금을 '바닥권리금'으로 지불해야 하는 경우가 대다수다. 또한 회원제로 운영하며 소위 '회원비' 명목으로 큰 비용을 지불하여야 받아주는 특성이 많은 아파트 단지는 그에 따른 지불이 없다면 따돌림을 당하고 독고다이로 지내야 한다. 주변에서 훼방도 매우 많이 놓는다. 그 모진 경험을 보통 멘탈로는 견디기가 힘들 것이다. 실제로 많이 봤다. 물론, 중개사법에 금지행위로 명확히 규정된 부분이며 최대 징역형까지 부과 받을 수 있는 행위임에도 암암리에 중개사들의 오랜 카르텔 관행은 절대 없어질 수 없을 것이다.

계약 한 건을 잘 하면 큰돈을 버는 것도 사실이다. 하지만 정말 베테랑이 아니라면 큰돈이 오가는 일을 맡기지 않는다. 더욱이 중개업 특성상 대부분 한 번 거래한 곳을 계속 거래하는 성향이 강하다. 새로 오픈했다고 소위 '오픈빨'로 가주고 사주는 업종이 아니다. 어쩌면 '오픈빨'이 없는 유일한 업종이 아닐까 싶다. 1층에 조그마하게 시작하고 원·투룸 밀집 지역이면, 신규 손님의 진입이 많을 수 있으나, 매우 고될 것이다. 자신의 자본은 적고, 원하는 눈높이는 높은 게 일반적이고 질보다 양으로 승부하여야 하므로 계속 발로 뛰어야 한다. 게다가 방문하는 모든 손님이 다 실수요자가 아닐

확률도 높다. 목이 좋다면 그만큼 '부동산 임장 쇼핑'을 하는 이들도 많다. 실수요자가 아닌데 '그냥 한 번 볼까' 해서 와보는 빼꼼이들이 많다는 이야기다. 최근 임장크루라는 단어가 유행하면서 떼를 지어 집을 보고 SNS 인증을 남기는 등 불쾌한 유행도 성행한다.

  길을 물어보는 이들, 팩스를 보낸다, 전화 한 통만 쓴다 등등 갖가지 손님들로 들끓는다. 문이 닫혀있거나 전화를 한두 번 안 받으면 손님은 다른 중개사무소를 간다. 기다려주지 않는다. 그리고 손님이 모두가 시간을 나와 맞출 수 없고, 모두가 친절하지 않다. 상상 이상의 빌런을 만날 때도 있고, 노쇼, 계약 전 잠수 등 갖가지 무례한 인간들의 종류가 성행한다.

  너무 불쾌한 워딩들을 나열했지만, 환상은 반드시 깨고 시작해야 한다. 기대치가 높을수록 실망이 크다. 야전에 들어간다는 마음가짐으로 임하면, 기쁠 일도, 정말 큰돈을 벌 수 있는 날도, 워라밸을 조금씩 챙길 수 있는 여유도 생길 것이다.

▌N잡러 시대의 개업 중개사, 성공적인 겸업 전략

  본서는 필자의 이야기를 사례로 하여 많은 독자분들이 샘플로 삼고 또 참고할 수 있도록 하는 것도 그 목적이 있기에, 그리고 직접 경험한 내용을 바탕으로 인지하고 생각하는 것이 사람이기에 본인의 이야기를 다소 하게 되는 점을 혜량해주시길 바란다. 필자가 실제로 겸업을 하는, 아니 7잡러라는 것은 아는 독자분들은 다 아실 것이라 생각한다. '다른 직업'인 겸업도 하고 있고, 중개업과 연관된 겸업도 함께 하고 있다.

대표적으로 필자의 동네만 보아도, 법무사, 세무사, 행정사 등 전문 자격사들과 같이 하는 경우가 간혹 있다. 그중 '행정사사무소'는 필자의 동네에서는 2025년 기준 유일하게 필자만 운영하고 있다. 필자의 동네에서 바로 길 건너편은 멸치 등 건어물을 팔면서 하는 이도 있다. 타로와 사주를 함께 보며 중개사무소를 운영하는 이도, 카페를 운영하면서 중개사무소 간판 없이 전화만 받으며 손님을 받는 이도 있다.(간판은 의무가 아니다. 간판을 설치할 경우 성명 등의 표기가 의무인 것이다.) 또 혹자는 바로 맞은편 건물에 사무실을 두고 편의점, 세탁소를 운영하면서 중개사무소를 함께 운영하기도 한다.

이제 필자의 경우를 설명하자면, 부모님 때부터 운영하시던 36년차 사업, 살균소독제 및 식자재 가족사업을 11년째 함께하고 있다. 다음으로 작년에 합격하여 바로 올해 또 한 번의 맨땅에 헤딩을 시작한 '이승주행정사사무소'가 있다. 필자가 이 책을 쓰게 된 원동력인 '이승주공인중개사사무소'까지 하면 사업은 총 3개가 된다. 이어서 파생되는 겸업이자 부업은 유튜브 2개(공인중개사 이승주TV, 행정사 이승주TV)와 강사 일이다. 강사는 현재 위패스 공인중개사 학원의 중개사법 전임이고, 외부 강의로 재단, 관공서, 기업 강의 등 임대차 혹은 부동산 기초 지식에 대한 강의를 따로 많이 나가고 있다. 다음으로 벌써 4번째 집필 중인 저서로서 작가로서의 삶, 이따금 제안 오는 칼럼 기고(유료) 등 글 쓰는 이의 삶으로도 살고 있다. 끝으로 유튜브와 중개업을 함께 하다 보니 관련 질문이 너무 많아 시작한 '네이버 Expert'의 부동산 컨설팅 업을 하고 있다. 현재 네이버에 공인중개사 검색 시 전국 2위 노출, 평점순 전국 1위를 기록하고 있다(2025년 7월 17일 기준).

■ 네이버 평점순 전국 1위 노출 ■

■ 네이버 전국 2위 노출 ■

이렇게 7가지의 일, 세븐잡러로 살아가고 있다. 필자는 자신있게 말한다. 시간이 부족하다는 것은 핑계라고. 필자보다 바쁜 이는 사실 많이 보지 못했다. 근데 시간이 부족해서, 뭐가 안돼서라는 등의 이유는 말 그대로 핑계다. N잡을, 겸업을 할 거라면 자신의 주력 분야에서 파생되는 일로 연결해나가면 원 소스 멀티 유징(one-source multi using)을 할 수 있다. 필자는 그 주력이 부동산이었고, 공부해서 남주는 일이 아니라는 것을 몸소 느끼고 있다.

즉, 본인이 하는 일과 연계가 됐냐 안됐냐의 차이인데, 겸업은 그만큼 시간을 2배로 갈아 넣어야 한다. 1개에 할애할 시간을 2곳에 분산하면 말 그대로 1/2이 될 뿐이다. 2배로 넣어야 그나마 본전이 유지된다고 생각하여야 한다. 필자가 하는 일 중 가족사업, 행정사사무소는 연계가 안 돼 있는 겸업이지만, 가족 사업은 부모님이 오래 하셨고 함께 하고 있기에 문제가 없고 행정사사무소는 의뢰인과 전화 통화로, 긴 시간 호흡으로 맞춰가면서 맨투맨(man-to-man)으로 할 수 있는 일이 많기에 상대적으로 조정이 가능하다.

이번 주제가 유독 내용이 길지만, 필자는 이 부분을 많이 강조하는 부분이기에 길게 할애하고 싶었다. 겸업 또는 부업과 시너지를 극대화하려면 키워드는 '연계'다.

두 번째 키워드는 '안정성 확보'다. 겸업을 하는 쪽에 고정급을 만들어놓거나, 최소 수입원을 정해놓고 지출 등 개인 가계부를 관리해 놓는 게 좋다. 둘 다 모두 너무 불안정하면 심리적 불안감이 되레 두 배로 커질 수 있다. 연계가 안 된 직업이나 사업장을 갖고 있어도 공통점이나 연계점을 찾아야 한다. 예를 들어 앞서 언급한 멸치 가게를 하는 중개사무소는 멸치를 사러 오는 단골손님들과 자연스레 한두 마디 나누게 될 것이고, 가장 필요한 의식주 중 하나인 '주'에 관해 수요를 파악하면 될 것이다. 겸업의 장단점에 대해 뒷부분에서 다룰 것이지만, 일반적으로 멸치를 팔면서 중개를 한다는 부분이 전문성 측면에서 신뢰도가 떨어질 수 있겠다. 다만 이 부분을 잘 상쇄시킬 수 있다면 부동산만을 위한 손님이 아닌, 멸치 가게 손님을 내 부동산 손님으로 만들 수 있는 것이다.

  나의 경우를 이야기하면 소독제 및 식자재 사업을 하면서 알게 된 거래처 담당자들의 지인들이 사당 쪽에 집을 구한다며 소개를 해주는 경우 등 소개의 소개를 걸쳐 연계가 되기도 한다. 유튜브 역시 마찬가지다. 유튜브 구독자들의 계약이 이에 해당된다. '네이버 Expert'로 상담했던 고객들도 지역이 필자와 맞는다면 이미 상담을 통해 신뢰감을 확보했기에 직접 구해주기도 한다. 직거래 계약서나 대필, 연장 계약서 또는 권리금 계약서 역시 행정사를 함께 하고 있기 때문에 행정사 업무로 이어지기도 한다. 즉, 어떻게든 공통분모를 만들어 유기적으로 순환되도록 하는 것이다. 필자의 경우 '네이버 Expert'를 통해 전세 사기 예방을 도와준 의뢰인이 알고 보니 재단의 인사 담당자였고, 필자를 추천하여 강의를 출강하게 된 적이 있다. 이때 다른 재단장, 담당자들이 오면서 필자의 강의를 보고 직접 연락을 주면서 재단, 관공서 등 여러 강의를 꾸준히 출강하고 있다. 강의 역시 회차와 출강 장소가 늘어남에 따라 관공서(특히, 시청)에서는 뉴스 기사도 발행해 주기 때문에 경력과 명예를 한 번에

다 잡을 수 있다. 재단이나 관공서에서는 강사 등급을 정하는데, 필자는 재단 기준 25년에 1급으로 지정되어 아주 만족스러운 조건으로 출강을 하고 있다. 다음으로는 연계된 자격증을 취득하는 방법이다. 다른 전문자격사를 겸하는 방법이 대표적이라 할 것이다. 행정사의 경우 법인설립, 부동산 관련 각종 인허가, 부동산 계약서 중 권리금 계약서 등으로서의 공인중개사가 할 수 없는 계약서의 작성 업무 등의 업역이 대표적이다. 또한 외국인이 많은 지역인 경우 비자 업무 등 출입국 업무도 함께 맡아줄 수 있다. 세무사는 세금 관련 컨설팅과 동시에 수임을 받는 방법도 있을 것이다. 전혀 연계가 없는 자격증이라면, 상담 실장 1인이 꼭 필요하다. 부재중이거나 업무를 담당할 수 없을 때, 정말 일해줄 사람이 그리울 것이다. 다른 방법으로는 부동산과 연계된 업종(인테리어, 건축, 분양, 경·공매 등)으로 공인중개사 대표라는 직위와 직함을 활용하여 겸하며 이중으로 연계 매출을 끌어올리고, 원스톱 솔루션 방법으로 모든 일을 턴키(turn-key)로 한 번에 맡기는 방식도 가능하다. 필자가 겸업을 하면서 느낀건, 연계성을 만들어야 하고 부동산은 사람을 연결시켜야 한다는 점이다. 그래야 시너지가 극대화된다. 절대 아예 다른 업종을 여러 개 하는 것은 혼자 힘으로는 추천하지 않다.

먼저, 겸업을 추천하냐고 묻는다면, 추천한다. 다만, 돌이켜보면 필자는 많이 모험적이고 무모했다는 생각도 든다. 하루 3시간도 못 자는 날이 허다할 만큼 바쁘게 지냈다. 후회는 없지만 각오는 필요하다. 『맨땅에 헤딩, 나의 중개 일기』에도 언급을 했지만, 겸업과 부업은 엄연히 구분되어야 한다. 필자도 7잡이라고 하지만 마음속에 겸업이라기보단 부업으로 두는 일은 유튜브, 상담사 업무 등에 해당된다. 겸업을 부업과 다르게 생각해야 하는 이유는 또 다른 메인 잡이 겸업이고 부업은 말 그대로 부가적으로 생각하는 +@의 업무이기 때문이다 그래서 초반부터 겸업을 여러 개 하는 등 자리 잡기 전부터 동시에 여러 개를 같이 시작하지 말라는 것이었다.

무엇보다도 전문성 부분이 가장 중요하다고 할 수 있다. 시간 잘못 쪼개거나, 대강대강 하면 이도 저도, 정말 죽도 밥도 안 된다. 손님은 '부동산 사장'님을 찾는 것이지, 여러 개 사업을 한다고 '우와, 멋지다'라고 생각하지 않는다. 본인의 돈을 맡기고 중개로만 의뢰를 하고 만나는 것이라, 다른 부분과 개인의 삶에 대해서 이들은 중요하지 않다. 조금만 더 성실하고 바쁘게 메모하고 처리해 준다면, 시너지는 극대화된다. 안일하게 했다간 큰일 난다.

필자에게도 종종 상담을 요청하는 이들이 있다. 유튜브에 어떤 이도 중개업을 해본 적 없지만 자격증을 취득 후 개업해서 중개사 사무소를 사람을 두고 본인은 다른 일을 하겠다는 '철없는' 생각을 문의하기도 한다. 너무 우습게 보는 것이다. 메인은 중개업을 위주로 차라리 다른 겸업하는 일을 조력자나 파트너를 둔 상태에서 해야 한다. 전문 자격사는 서비스업이자 자격을 부여받은 사람이 해야 하는 게 맞다. 중개업은 대표의 책임과 무게감이 크다. 정말 겸업, 투잡 쓰리잡 하는 이들을 많이 봤지만 이는 대부분 단순노동이나 단순 업무 위주다. 혹은 한 개 사업이나 직업은 적어도 조력자나 파트너, 관리자가 있다는 전제다. 혼자 다 하고 꾸려나려는 겸업 욕심은 절대 버려야 한다.

필자의 대학 시절, 별명은 '승주몬'이었다. '알바몬'을 본떠서 만든 별명이다. 아르바이트를 대학 4년간 약 40여 개를 했다. 그때는 집안 형편이 너무 어려워져 돈을 벌어야 했고, 장학금을 받아야 했기에 고생해 본 적 없는 이들에게 '학점의 노예'라는 우스운 별명도 받았다. 당시엔 단순히 돈이 목적이었기 때문에, 책임감이나 무게감이 따르지 않는 단순히 시간만 맞추면 되는 일들이었다. 하지만 중개업은 다르다. 미래를 보고 가야 하고, 자리를 잡고 지켜나가야 하는 자리다. 결론적으로 겸업을 할 계획이 초반부터 있다면, 전문성을 줄인다는 이야기와 같은 것이다. 어느 정도 자리가 잡고 나서 하기를 추천한다. 처음부터 겸업은 성공할 가능성이 확률적으로 낮다. 중개업은 이 하나에만 몰두하기에도 시간이 부족할 수 있는 일이기 때문이다. 아니면 믿을만한 조력자 1인 이상을 꼭 구하자! 집을 구해주기 전에 조력자를 구해야 할 것이다.

▌겸업의 장점과 단점

시너지 자격증으로 다른 전문자격사, 인테리어, 건축, 대출 알선 업무, 경매 매수신청 등으로 부가수입 등이 생기면 안정성이 확보된다. 소위 '비빌 언덕'이 생긴다. 사업장을 운영하면 매월이 고정적이지 않기에 불안함 속에 한 달씩을 채워나간다. 다른 수입이 받쳐준다면, 오히려 일이 더 잘 되기도 한다. 마음이 편하기 때문이다. 따라서 겸업을 통해 수입이나 경기 변동에 따른 리스크 헷지(risk hedge)가 가능하다. 다음은 단언코 수입적인 부분이다. 중개업보다 겸업하는 쪽을 월 고정소득으로 가져가거나 챙길 수 있다면 어느 정도 안정성이 확보되므로 유리하다. 장점이야 개인마다 다를 것이고 더 많을 수 있지만, 가장 큰 부분으로 일단락 한다.

단점을 살펴보자. 시간 잘못 쪼개거나, 대충 하면 정말 죽도 밥도 안 된다는 부분은 앞서 설명했다. 바쁠 때 정리를 제대로 못하면 자칫 신뢰감을 확 잃어버리면서 일을 띄엄띄엄한다, 잘 못한다는 평을 들을 수 있다. 다음으로 둘 다 바쁠 때 스트레스가 극에 달한다. 특히 겸업하는 일까지 모두 안 좋은 일이 각각 1개씩 생길 때에는 정말 의욕을 잃고 다 내려놓고 싶은 수준까지 갈 때도 있다. 특히 돈을 모두 다루는 일이거나 자리를 지키고 있어야 하는 일 등이면 대처가 안 되기도 한다.

▎겸업이 가능하냐고 문의하는 이들

개인사업자라면 따로 일하는 곳이 근로소득으로 잡히는 직장 생활을 한다면, 해당 소속된 곳의 겸직금지가 있는지를 더 잘 보아야 할 것이다. 별도의 다른 사업자로 다른 업종을 하거나 겸직 금지 조항이 없다면, 즉 필자와 같은 경우라면 무방하다. 공인중개사 등록은 '1인 1등록주의'로 자격은 일신전속적이기에, 음식점은 가족의 이름으로 낼 수 있지만 중개업은 반드시 대표자 본인 이름으로 내야 한다. 따라서 책임소재도 대표가 진다는 것을 잊으면 안 된다. 또한 공인중개사법에 명확히 규정된 양벌주의(법 제50조)에 따라 고용인이 범법행위를 하면 그에 해당하는 조문의 벌금형을 과하기 때문에 졸지에 전과자가 될 수 있다. 법인 중개사무소를 운영할 것이라면, 겸업 가능한 업무가 명확히 있기 때문에 유의하여야 한다.(물론, 중개업은 기본으로 하되 그 외 6가지를 규정하고 있다.)

> 제14조(개업공인중개사의 겸업제한 등) ① 법인인 개업공인중개사는 다른 법률에 규정된 경우를 제외하고는 중개업 및 다음 각 호에 규정된 업무와 제2항에 규정된 업무 외에 다른 업무를 함께 할 수 없다.
> 1. 상업용 건축물 및 주택의 임대관리 등 부동산의 관리대행
> 2. 부동산의 이용·개발 및 거래에 관한 상담
> 3. 개업공인중개사를 대상으로 한 중개업의 경영기법 및 경영정보의 제공
> 4. 상업용 건축물 및 주택의 분양대행

> 5. 그 밖에 중개업에 부수되는 업무로서 대통령령으로 정하는 업무
> ② 개업공인중개사는 「민사집행법」에 의한 경매 및 「국세징수법」 그 밖의 법령에 의한 공매대상 부동산에 대한 권리분석 및 취득의 알선과 매수신청 또는 입찰신청의 대리를 할 수 있다. 〈개정 2014. 1. 28.〉
> ③ 개업공인중개사가 제2항의 규정에 따라 「민사집행법」에 의한 경매대상 부동산의 매수신청 또는 입찰신청의 대리를 하고자 하는 때에는 대법원규칙으로 정하는 요건을 갖추어 법원에 등록을 하고 그 감독을 받아야 한다.

중개업에 부수되는 업무는 용역의 알선, 이사업체의 소개 등이다. '직접 제공' 또는 '직접 업체를 운영'하는 것은 안된다는 이야기다. 관리, 상담, 경영정보제공, 분양대행, 용역의 '알선', 매수신청 대리 6가지다.

필자는 수업 때 '관·상·경·분·용·대' 라고 두문자를 만들어, "관상을 보라, 경분이와 용대의 관상을. 경·분이는 개업공인중개사"라고 한다.(경영정보 제공은 개업공인중개사를 대상으로만 할 수 있다는 의미) 따라서 법인으로 한다면 제한이 더 많으니 대표자로서 유의하여야 한다. 개개인 맞춤 상담을 해줄 수 있다면 더욱더 자세히 설명하겠지만, 이는 실무 강의를 수강한 수강생들과 면담 시 보통 가능한 상황이므로 포괄적으로 특징만 열거하였음을 밝힌다.

3
실패하지 않는 시작을 위한 준비

 앞선 글을 읽고 마음속에 방향을 정했거나, 혹은 일단 움직여 취업 혹은 개업 준비를 하고 있다면, 중개업의 입문을 환영한다. 이제 야생과도 같은, 때로는 진흙탕과도 같은 중개업에서 살아남을 방법을 모색하고 차별성을 통해 본인만의 색깔을 만들어야 한다. 중개업의 폐업률, 사고율은 생각보다 높다. 만만히 볼 일이 아니다. 개업만 하면 손님이 오는 시대도, 업종도 아니다. 손님이 많이 온다고 하더라도 '계약'이 되지 않으면 수입은 0이다. 최근 '임장비'를 받는다는 제도를 추진하고 있는데, 소비자들의 반발이 거세기 때문에 실현될 확률이 높지 않다고 보인다. 따라서, 타율(계약 성공률)을 높이기 위한 방법이 실패하지 않는 지름길이다.

 필자가 일을 할 때, 계획을 세울 때 잘 되었던 경우는 돌이켜보면 '두 수 앞'을 준비했기 때문이다. 또한 시간 쪼개기를 통해 끊임없이 발전을 도모했기 때문이다. 많은 성공한 이들이 그러한 방법을 사용했고 필자는 성공한 이들을 많이 벤치마킹했다. 필자가 성공했다는 것은 아니다. 그렇지만, 분명 오랜 기간 생존하고 또 수입적으로, 인지도적으로 우상향해왔다는 것은 적어도 실패하지 않고 있음은 확실하기에, 여러분에게 그 방법을 공유하고자 한다.

살아남기 위한 1단계는 '방어력' : 배움과 겸손

많이 버는 것, 중요하다. 하지만 그에 앞서 '잃지 않는 것'이 더 중요하다. 꼭 워런 버핏의 투자 1원칙 같다. 이는 어떤 사업이든 마찬가지다. 특히, 중개업에 국한되어 설명하더라도 더할 나위 없이 적용되는 이야기다. 7년 차 중개업을 하다 보면, 주변에서 많은 이들이 과태료를 맞거나, 벌금을 맞고, 중개 사고가 발생해 소송에 가서 밤잠을 설치는 등 많은 사고 사례를 본다. 그런 일을 한 번 겪고 나면 '폭삭 늙어버린' 대표들을 마주한다. 그들은 입 모아 말한다. "이 일 더 이상 하고 싶지 않아요."라고 말이다. 사람에게 데이고, 사고가 나서 돈을 잃어 보면 모든 의욕을 잃는다. 필자에게도 간혹 중개사고로 인하여 손해배상을 하여야 하는 대표에게서 전화가 걸려온다. 얼마 전 공동중개 한 동네의 한 대표는 법원에 소송이 걸려

서류를 내러 가야 한다며 급히 발걸음을 옮기는 찰나 필자와 통화가 되기도 했다.

필자가 강의 때뿐만 아니라 평소에도 늘 강조하는 것이다. 투자 원칙과 마찬가지로, '잃지 않는 것'이 중요하다는 것이다. 그러기 위해서는 기초가 매우 중요하다. 간혹 정말 '야매'로 일을 하는 이들이 많다. 또한, 자격증도 없이 미친 듯이 날뛰는 보조원도 있다. 이들을 보고 있자면, 떨어지면 바로 죽는 낭떠러지 위에서 외줄을 타는 것 같다. 만약 목숨이 두 개거나, 한 번뿐인 인생 아깝지 않게 짧고 굵게 질러보자(?)는 스타일이면 말리지 않겠다. 다만, 느리더라도 꾸준히, 결국에는 빛을 보고자 한다면 반드시 '방어력'을 키워 두어야 한다.

사람을 많이 만나다 보면 사람을 대하는 기술은 늘어난다. 상황도 많이 겪다 보면 자연스레 익숙해지고 또 경험을 통해 성장하게 되어있다. 이는 절대 책으로 말해줄 수 있는 부분이 아니다. 수천억 개의 신경세포들로 이루어진 한 인간이 다른 한 인간과 만나 큰돈을 다루는 일을 하는 직업이다. 수만 가지의 경우의 수가 존재하는 일을 일일이 나열하고 설명하기란 불가능한 일이다. 다만, 공통적으로 방어력을 갖추기 위한 필수 워딩들이 바로 계약서와 확인·설명서 작성 시 유의사항, 등기부의 분석과 그에 따른 설명, 법률 용어와 민법 지식이다. 필자가 개업 후 손님들을 만나면서 레벨 업을 하면서 약 3년간 절대 빼놓지 않았던 습관이 있다. 퇴근 후 스터디 카페에 가서 민법, 부동산 판례, 부동산 실무에 관한 지식과 법을 익힌 것이었다. 3년 정도를 그렇게 하니 각종 상황별 대처 방법이나 판례, 법률적 지식이 머리에 쌓였다. 길이 보였고, 누구를 만나도 자신 있게 설명이 가능했다. 원칙이 있어야 변칙을 쓸 수 있다. 제대로 된 투구법을 익혀야 변화구를 던질 수 있는 것처럼, 기본이 없이 변칙만 사용하면 말 그대로 돌팔이가 된다. 상황에 따라 유하게 넘어가 줄 수 있는 부분들이 분명 필요하다. 법대로, 책대로만 할 수 없는 부분이 분명 많다. 그게 실무다. 하지만 '정말 안 되는' 것들이 무엇인지, 정말 잘못 쓰면 큰일 나는 계약서 특약 문구가 무엇인지를 알고 일을 해야 한다. 그래서 심혈을 기울여 만든 도서가 이어지는 심화서 『중개고수 비밀노트』다.

계약서의 특약은 '임의규정'에 앞서는 문구들이기 때문에 반드시 잘 써야 한다. 다음으로 등기부다. 실무 일을 하면서 대부분은 아주 간단하고, 일반적인 상황의 등기부들을 마주하게 될 것이다. 하지만 가끔 '멘붕'이 올만큼 복잡하거나 어려운 내용, 혹은 없어야 할 권리가 있는 경우 정말 당혹스럽다. 따라서 등기부 보는 방법을 소홀히 익히면 안 된다.

끝으로 법률 용어와 민법 지식, 판례 등은 정말 다다익선이니 많이 공부하고 마음껏 뽐내길 바란다. 결국 공부해서 '나'준다. 대화의 수준과 중개의 질이 달라질 것이다. 필자가 7년 차가 되면서, 이제는 많은 중개사무소 대표들이 필자에게 중개에 관하여 문의하고,

법률에 관하여 문의하고, 실무에 관하여 문의한다. 바쁠 때 전화를 받으면 참으로 수고스럽고 번거롭기도 한 것이 사실이지만, 그만큼 필자를 믿을만한 전문가로 인식하기에 문의한다는 점을 알기에 대답해 준다. 젊든, 나이가 많든 중요하지 않다. 중개의 기술은 변론으로 하더라도, 지식만 잘 갖춰도 절대 무시당하지 않으며 사고로 돈을 잃지 않는다. 아는 만큼 보인다. 반드시 명심하자.

　법조문에도 다음과 같이 명시되어 있다. '공인중개사의 고의 또는 과실로 인한~'이라고 말이다. 고의 또는 과실로 인한 부분 즉, 실수는 용납되지 않는다. 형벌이나 금전으로 메꿔야 한다. 따라서, 많이 넓과 동시에 잃지 않는 공부를 꾸준히 하길 바란다. 중개사무소 간판에 대표 이름을 명시하는 규정, 광고 시에 대표의 성명과 사무소 명칭, 소재지, 연락처, 등록번호를 표기하는 규정은 괜히 있는 것이 아니다. 그만큼의 책임과 무게를 어깨에 짊어지고 나아가야 하는 것이다. 적은 돈 벌려다가 큰 돈을 잃는 경우를 심심찮게 볼 수 있다. 명심하자.

고객은 무엇을 기대하는가 : '진심'과 '정보력' 사이

영업 스킬은 후반부에 다루지만, 서두에 고객의 기대 심리에 대하여 간단히 다루고자 한다. 고객은 다음과 같은 기대를 한다.

'내가 원하는 집을 찾아주겠지?'
'공인중개사 통해 계약하면 그래도 덜 위험하겠지?'
'내 조건에 맞는 집이 있겠지?'
'내가 직접 하는 것보다 공인중개사 통해 하는 게 낫겠지?'

많은 나쁜 중개사들로 인하여 공인중개사의 직업적 인지도와 인식은 바닥이지만, 이런 때를 오히려 기회로 삼아야 한다. 필자는 실제 중개 시 웃픈(웃기고도 슬픈) 이야기를 많이 듣는다. "이렇게 꼼꼼하게 해주시는 분은 처음 뵀어요." 반대로, 나쁜 의미로 "왜 이렇게까지 꼼꼼하게 하시는 거예요?"도 있다. 항상 약식으로, 대강대강 다른 중개사들과 해 온 이들은 계약서를 쓰거나 일을 진행할 때 "뭘 그런 것까지 적냐, 얘기하냐, 다루냐" 등을 따지는 이도 있다. 그런 이들일수록 늘 추후에 "증거 있어?"라고 묻거나 다투는 이들이 많다. 필자는 말한다. "지금 한 번만 만나서 계약할 때 한 번에 끝내는 게 서로 좋지 않아요?"라고 말이다. 고객에게 너무 끌려다니면 안 된다. 중개 시에 같은 배를 타는 것은 맞다. 목적물을 위하여 의견을 조율하고, 협의하고, 계약서에 그 내용을 작성하는 것이기 때문이다. 다만, 그 배가 파도를 만나 부서질 난파선인지, 너무 약해빠진 통통배인지, 거대한 군함인지는 중개사가 만들어주는 것이다. 계약서의 문구나 필력만 보아도 계약서를 작성한 중개사의 수준을 알 수 있다. 수천 장 쓰다 보면 보인다. 하루에도 몇 명씩 계약서를 들고 와 봐달라고 하니, 얼굴도 모르는 이가 작성한 톤앤매너(tone&manner)만 보아도 연령대, 성격, 일에 대한 태도가 다 보인다. 그만큼 글이 중요하다.

다만, 이런 경우가 있다. 띄어쓰기나 맞춤법이 틀렸음에도, 정말 꼼꼼하게 작성해 주려는 의지 말이다. 양 당사자의 중간 입장에서 의견을 잘 조율했으며 누군가에게 일방적으로 유리하거나 불리하지 않게, 협의된 부분은 반드시 명시하고 책임 소재를 명확히 하는 듯한 글들이 있다. 맞춤법이나 띄어쓰기는 틀릴 수 있다. 하지만 문장은 자신의 생각을 표현한 것이기 때문에 문장이 모여 한 계약서의 종이가 되었을 때 결국 글쓴이의 면모가 보인다. 계약서 한 장으로 이 모든 과정을 마무리 짓는 것이기 때문에, 고객은 바로 이러한 '진정성'과 '신뢰'를 원하는 것이다. 또한, 앞서 설명한 용어를 다양하게 숙지하고 중개를 능숙하게 해준다면 '정보력' 부분에서도 신뢰감을 얻을 수 있는바 그 중개사를 다시 찾을 수밖에 없다.

앞서 설명한, '정말 꼼꼼하시고 친절하게 봐주신다'는 평들에 대해서 필자는 유독 신경 써서 했다고 생각하지 않는다. 그냥, 거짓말을 안 했으며 사람의 진심과 마음으로 장난을 치지 않았다. 있는 그대로, 대신 나쁜 말은 조금 순화해서 돌려서 말해주어 다툼을 막았고 좋은 의도는 더 좋게 순화하여 좋은 의도를 명확히 전달해 주었다. 같은 말도 어떻게 설명하고 표현하느냐에 따라, 일순간 사람의 태도와 감정, 결정이 모두 바뀐다. 고객이 원하는 목적물이 없는 것은 어쩔 수 없다. 뚝딱 만들어서 갖다 줄 수 있는 커피나 음식이 아니다. 부동산이라는 재화의 특성 자체를 모르고 목적물을 찾는 손님은 없기에, 그 부분은 괜찮다. 다만, 없는데 있는 척, 안 되는데 되는 척하지 말란 이야기다. 모든 화는 거짓말로부터 비롯된다.

너무 식상하지만, 진심과 정보력은 그 차별화의 첫걸음이자, 롱런할 수 있는 가장 빠르고 쉬운 지름길이다. 누군가가 너무 무례하고, 불친절하고, 기분이 나쁘게 한다면 다시 마주하고 싶지 않을 것이다. 반대로 조금만 친절하다면, 그만큼 편하게 다가갈 수 있는 경우가 없을 것이다. 우습게 보일 만큼 바보처럼 실실 웃으라는 게 아니다. 강단은 존재해야 하고 되고 안되는 부분은 명확해야 한다. 진심과 정보력이 중개에서 필자가 느낀 성공 법칙 중 하나다.

2

Startup
개업 A to Z, 가장 현실적인 창업 가이드
실패 없는 개업 준비 과정

1
개업 준비 로드맵 & 현실 예산표

개업을 결심한 당신에게 개업에 관한 로드맵을 제시하고자 한다. 아직 소속공인중개사라면, 언젠간 개업을 준비한다면 꼭 알아두면 좋겠다. 조그마한 사무실을 구할지라도 그 책임과 무게는 크다. 행정 절차상 개업의 준비 과정 그 자체는 어렵지 않다. 물론 한 번에 절차를 모아놓은 자료를 찾는 것도 처음에는 다 어려울 것이다. 번거로운 일이지만 할 수는 있을 것이다. 다만, 세부적으로 어떻게 하면 효율적이고 잔실수와 헛고생을 안 할 수 있는지는 경험이 없으면 깨우치기 어렵다. 특히, 예산과 준비할 List 목록표는 정말 소중한 시간을 아껴줄 귀한 자료라고 확신한다. 개업 A to Z에 대해서 자세히 알아보자!

한눈에 보는 중개사무소 개업 흐름

중개사무소의 개업 절차는 다음과 같다. 중개사법에 개업 절차에 관하여, 정확히 말하면 개설등록 요건 등에 관하여 공부를 하지만 합격을 위한 수험 공부였기에 자세히 기억이 나지 않을 것이다. 공인중개사가 사무소를 개설하고자 할 때는 가장 먼저 실무교육을 이수하고, 관할 지역 관청(시·군·구청)에 개설등록을 신청한 후 보증설정을 하고 중개업 등록증을 교부받음으로써 업무를 개시할 수 있으며 이에 따른 등록신청에 필요한 서류 및 절차는 다음과 같다.

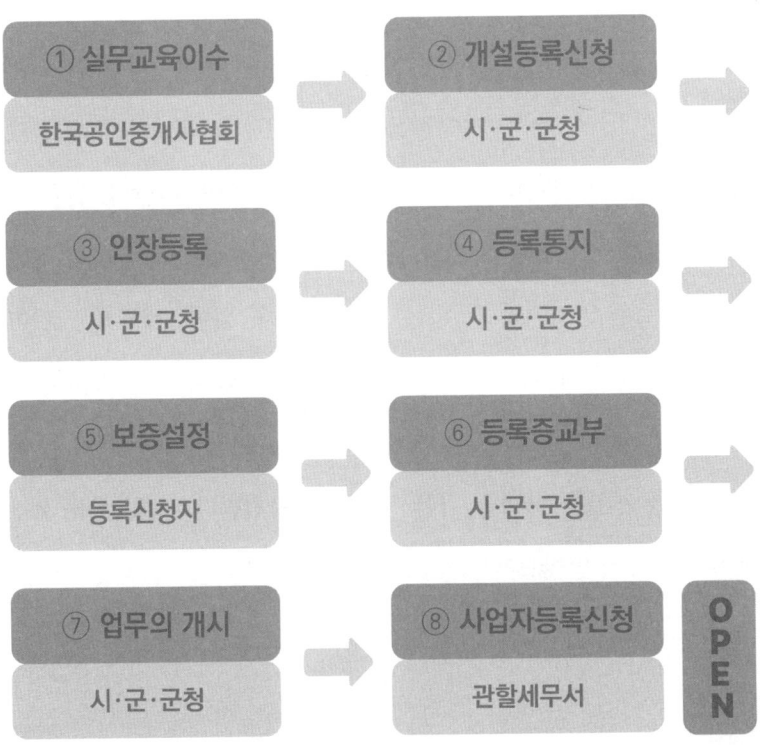

실무교육 이수

원칙적으로 실무교육, 연수교육은 시·도지사가 주관하여야 하지만, 현실적으로는 위탁을 하여 진행한다. 실무교육으로 위탁지정한 곳은 한국공인중개사협회 또는 지역별 교육장, 대학의 평생교육원이다. 일반적으로 한국공인중개사협회를 통해 진행한다. 연수교육은 보통 구청(행정구역 단위를 구청 기준으로 하였으나, 시·군·구 기준으로 해당 지역의 동일한 행정구역 범위로 보면 된다.)에서 진행한다. 똑같이 연수교육도 대학의 평생교육원에서도 진행하지만, 비용이(25년 기준) 약 4만 원이 부과된다. 구청에서 진행하는 연수교육은 비용이 들지 않으므로 보통은 구청에서 진행한다. 실무교육 이수 대상자는, 공인중개사 자격증 소지자로서 중개사무소 개설등록을 하고자 하는 자이다.(법인의 경우에는 사원, 임원, 분사무소의 책임자 포함) 다만, 실무교육 수료일이 1년 이내인 자, 폐업신고 후 1년 이내에 중개사무소 개설등록자는 교육이 불필요하다. "실무교육 수료하고 중개업에 몸을 담은 후 퇴사 또는 폐업했다면, 1년의 모래시계가 있다." 필자가 수업 때 하는 말이다. 실무교육 일정은, 준비물로서 공인중개사 자격증 사본 1매, 여권용 사진 1매를 지참한다. 교육비는 필자가 교육을 받았던 2019년과 동일하다.(25년 협회 기준) 130,000원으로 교재비 포함이다. 교육 시간이 28시간~32시간 사이로 현재 25년 기준 2배인 64시간으로 변경을 추진 중이나, 현행법으로 아직 적용된 바

없는 상태다. 변경된다면 빠르면 내년부터 진행될 것으로 보인다. 교육 방법은 4일 연속 집합교육으로 오프라인 대면 교육을 듣거나 하루는 사이버교육(7시간)으로, 남은 일수는 집합교육(21시간)으로 듣는 것이다. 보통은 한 번에 집합교육으로 방문하여 마무리한다.

▎개설등록 신청

개설등록 신청서를 작성하여, 중개사무소를 개설하고자 하는 관할 시장·군수·구청장에게 제출한다. 이 때, 개인과 법인의 제출서류가 약간 다르다. 특히, 공부를 해보아서 알겠지만 인장 등록의 방법이 상이하다. 법인인 경우 법인등기부가 필요하다는 점도 다르다.

개인 개설등록 시 제출서류는 실무교육 이수증 사본 1통, 사무소 임대 계약서 사본 1통 (합동사무소인 경우 임대인(건물주) 공동사용승낙서 1통), 여권용 사진 2매를 지참한다.(실무교육 1매까지 여권 사진은 총 3매가 필요하다) 그 외의 서류인 공인중개사 자격증 사본 1통이나 건축물대장, 법인의 경우 등기부 같은 경우 공무원의 직접 확인 가능 사항으로 필수 서류는 아니지만, 일반적으로 함께 준비해 가서 공무원의 노고(?)를 덜어주어 빨리 마무리한다.

법인 개설등록 시 제출서류는 위와 동일하고 법인등기부가 별도로 확인 서류에 해당한다. 공무원이 직접 확인을 안 하는 경우가 다수라, 가급적 직접 한 번에 준비하는 것을 권한다. 안내에도 '신청인 제출서류를 확인하시기 바라며, 지역마다 요청 제출서류가 다를 수 있으니 등록하고자 하는 해당 시·군·구청에 문의하여 주시기 바랍니다.'라고 되어있다. 일반적으로 구비 서류의 정석은, 법인의 경우 다음과 같다. 개설등록비용은 법인 3만 원, 개인은 2만 원이다.

1. 여권용 사진 1매
2. 공인중개사법 제34조제1항의 규정에 의한 실무교육의 수료확인증 사본 1부
3. 사무실의 확보를 증명하는 서류
4. 등록인장(법인인 경우), 법인등기사항증명서(담당공무원 확인사항, 민원인제출생략) 및 법인 인감증명서 각 1부

★ 담당공무원 확인(행정정보공동이용)
- 법인등기사항증명서(법인의 경우)
- 일반건축물대장

인장 등록

중개업무 개시 전에 인장을 등록관청에 등록하여야
한다. 하지만 서식을 보면, 개설등록신청서와 인장등록
신고서가 한 번에 있음을 알 수 있다.

개인인 경우에는 '가족관계의 등록 등에 관한 법률'에 따른 가족관계등록부 또는 '주민등록법'에 따른 주민등록표에 기재되어 있는 성명이 나타난 인장으로서 그 크기가 가로·세로 각각 7밀리미터 이상 30밀리미터 이내인 인장을 사용한다. 법인인 경우에는 상업등기규칙에 의하여 신고한 법인의 인장이다. 상법상 법인설립 시에는 인장을 등록해야 한다. 따라서 해당 등록 인장이 인감증명서에 그대로 보이므로, 개인이 개설등록할 때처럼 인장을 직접 준비할 필요 없이 증명서로 제출을 갈음해도 된다. 물론, 등록신청 후 등록관청에서 개인적으로 결격사유를 조회하는 과정이 있다는 것도 잊지 말자. 결격 사유에 대하여는 따로 언급을 생략한다.

등록 통지

등록신청을 받은 등록관청은 7일 이내에 법인과 공인중개사인 개업공인중개사로 구분하여 등록을 하고 등록 신청인에게 개설등록을 개별 통지(서면) 하여야 한다. 실무상으로는 보통 1-2일, 늦으면 3일 내로 통지가 바로 된다. 필자는 당일 신청, 당일 통지를 받았다.

▎보증설정

등록 통지를 받고 손해배상책임을 위한 보증 설정을 하는 것이 실무의 수순이다. 크게 3가지 방법으로 등록이 가능한데, 개업공인중개사의 10중 9 이상은 협회의 공제증서로 가입을 한다. 필자가 직접 공동중개를 해보며 개인적으로 보증보험을 설정(SGI) 한 경우는 몇 번 보지 못했다. 끝으로, 법원에 공탁하여 설정하는 방법이 있지만, 폐업 후 3년 이내에는 그 금액을 반환받지 못하기 때문에 이 경우로 가입하는 경우는 한 번도 보지 못했다. 다음으로 유의사항은, SGI보증보험은 사고가 터질 경우 신용도의 급락이 초래되므로(심할 경우 신용불량자) 유의하여야 한다. 법의 기준은 다음과 같다.

> **손해배상책임보증 설정 (공인중개사법 법률 제30조, 시행령 제24조(손해배상책임의 보장)**
> ① 개업공인중개사는 법 제30조제3항에 따라 다음 각 호의 구분에 따른 금액을 보장하는 보증보험 또는 공제에 가입하거나 공탁을 해야 한다. 〈개정 2008. 9. 10., 2014. 7. 28., 2021. 12. 31.〉
> 1. 법인인 개업공인중개사 : 4억원 이상. 다만, 분사무소를 두는 경우에는 분사무소마다 2억원 이상을 추가로 설정해야 한다.
> 2. 법인이 아닌 개업공인중개사 : 2억원 이상
> ② 개업공인중개사는 중개사무소 개설등록을 한 때에는 업무를 시작하기 전에 제1항의 규정에 따른 손해배상책임을 보장하기 위한 조치(이하 이 조 및 제25조에서 '보증'이라 한다)를 한 후 그 증명서류를 갖추어 등록관청에 신고하여야 한다. 다만, 보증보험회사 · 공제사업

> 자 또는 공탁기관(이하 "보증기관"이라 한다)이 보증사실을 등록관청에 직접 통보한 경우에는 신고를 생략할 수 있다. 〈개정 2014. 7. 28.〉
> ③ 다른 법률에 따라 부동산중개업을 할 수 있는 자가 부동산중개업을 하려는 경우에는 중개업무를 개시하기 전에 보장금액 2천만원 이상의 보증을 보증기관에 설정하고 그 증명서류를 갖추어 등록관청에 신고해야 한다.

개업공인중개사는 업무를 개시하기 전에 손해배상책임을 보장하기 위하여 협회 공제 등에 가입한 후 공제증서 사본을 등록관청에 제출하여야 한다.(단, 협회공제는 협회에서 대신 해준다.)

참고로, 경매 매수신청 대리인을 신청할 경우에는 관할 법원이 등록관청 역할을 하므로, 법원에 따라 위와 같은 금액 기준으로 가입하여야 한다. 물론, 매수신청 대리인 교육을 이수한 후에 보증 설정을 따로 한다. 즉, 개인 개업공인중개사를 예를 들어 중개업과 매수신청 대리인 업무를 함께할 경우 2억 원 + 2억 원 총 4억 원의 보증 설정을 해야 한다. 참고로, 협회의 경우 **공제료 가입 시 최초 50만 원의 신규 가입비를 별도로 먼저 지불한다.** 법인인 개업공인중개사가 4억 원 가입 시 496,000원이 들고, 개인인 개업공인중개사가 2억 원 가입 시 248,000원이 든다.(25년 기준) 단, 온라인발급 시 3천 원을 해당 금액에서 각각 할인한다.

* 공제 가입절차는 다음과 같다.

> 개업공인중개사(협회 홈페이지 온라인 공제청약서 작성, 공제료 납부) → 협회(공제증서 발급) → 개업공인중개사(등록관청에 손해배상책임보증설정 신고는 협회에서 대행한다. 원래는 신고를 개업공인중개사가 하여야하지만, 대신 신고할 수 있는 규정이 있으므로 협회에서 대신 통보한다.) → 개업공인중개사에게 우편으로 증서 발송 → 서류 게시)

공제증서는 5가지의 게시 의무 중 한 개에 해당한다. (필자는 '자.개.업.보.사'로 수업을 하는데, 자격증-원본 / 개설등록증-원본 / 업무보증설정 / 보수요율표 / 사업자등록증-최근 몇 년 사이 의무로 신설)로서 게시의무 위반 시 100만 원 이하의 과태료과 부과되니 명심하자. 또한, 공인중개사를 고용했다면 고용한 공인중개사의 자격증 원본도 그 수만큼 모두 게시하여야 한다.

▎등록증 교부

등록관청은 등록을 할 때 중개업 등록대장에 등록에 관한 사항을 기재하고 보증 설정 여부를 확인한 후 등록증을 교부한다. 등록면허세는 27,000원이다. 면허세는 매년 부과된다. 1년에 1회.

▎사업자 등록신청 (부가가치세법 제8조)

업무 개시일로부터 20일 이내 관할 세무서에 신청하여야 한다. 실무상 업무 개시 전에 미리 사업자등록을 완료한다. 간판설치의 의무는 없다. 다만, 간판(옥외광고물이라는 용어로 표현한다.)을 설치한 경우 대표자 성명은 필수로 표기하여야 함을 잊지 말자. 이 또한 과태료 처분 사유에 해당한다.

사업자 등록신청 구비서류

- 사업자의 등록신청서
- 개인인 경우 : 임대차계약서
- 법인인 경우 : 법인등기사항증명서
- 중개사무소 등록증 사본

이렇게 위와 같이 개설등록 절차를 정리했다. 이대로만 보고 진행한다면 개설등록에는 문제가 없을 것이다.

2
입지 전략 : 어디에 터를 잡을 것인가

상권분석만큼 중요한 '나만의 필드' 찾기

앞서 사무소 보증금, 월차임을 서울 및 수도권 1층, 소형 10평 남짓으로 잡았다. 그렇다면, 조금 더 세분화해서 알아보는 시간을 가져보자. 우리에겐 사무소라는 공간의 입지와 본인의 주된 활동 범위, 중개대상물에 따라 세분화할 필요가 있기 때문이다.

중개업은 중개대상물을 기준으로 자리를 잡아야 하는 것이 정석이다. 그렇다면 입지별로 ①원·투룸이나 다가구, 빌라 단지 전문 + 오피스텔 단지 ②상가 전문 ③아파트 전문 ④공장, 토지 전문 ⑤빌딩, 건물 전문 등과 같이 특성을 크게 나눌 수 있다. 물론, 겸업 또는 부업으로 경매를 전문으로 하거나 기타 타 업종을 함께 한다면 그 특징과 함께 살리면 좋겠으나, 기준은 중개대상물만을 기준으로 하자.

> **제3조(중개대상물의 범위)** 이 법에 의한 중개대상물은 다음 각 호와 같다. 〈개정 2020. 6. 9.〉
> 1. 토지
> 2. 건축물 그 밖의 토지의 정착물
> 3. 그 밖에 대통령령으로 정하는 재산권 및 물건(입목, 광업재단 및 공장재단을 말한다.)

①의 경우는 주로 가지 상권, 골목상권이나 이면 도로 등에 있다. 골목골목에 주택이나 원·투룸, 빌라 등이 많기 때문이다. 물론, 대학가의 경우나 특정 상권이 다른 경우는 예외로 한다.

②의 경우는 대단지 아파트 주변이라든가, 강남 쪽을 위주로 선호할 수 있다.

③의 경우는 당연히 아파트 단지 내 있다. 회원제가 주를 이루며 카르텔(담합)이 매우 강한 지역으로 반드시 회원제의 비용 등을 확인하고 회원을 받아주는지 등도 확인하여야 한다. 권리금보다도 회원 가입비가 매우 비싸게 때문이다. 대신, 일단 들어가면 고정 수입은 확보가 되는 편이다. 다른 중개사무소에는 들어가지 않을 매물들과 손님들이 자주 찾을 것이고, 회원끼리 공유는 확실하게 일부 될 것이다.

④의 경우는 지역이 상관없다. 주차가 중요하다. 보통 먼 거리를

이동하거나 공장단지 주변을 임장하는 경우가 많기 때문에 주차가 용이하고 널찍한 공간을 활용하여야 한다. 대신 저렴한 지역 부근에 많이 소재할 수 있기에 금액 대비 넓은 평수를 구할 수 있다.

⑤의 경우는 대부분 강남, 법인 형태로 이루어지는 특징이 강하다. 강남 쪽에서 빌딩, 건물 매매는 거의 많이 꽉 잡고 있다 해도 과언이 아니다. 그만큼 체계적이고, 조직적이기 때문에 동네 조그마한 중개사무소의 규모와는 많이 다른 편이다. 그만큼 거래금액이 큰 반면 투자금액도 만만치 않기 때문에 처음에는 소공으로 입사하는 경우가 훨씬 많다.

크게 위와 같이 중분류 정도를 해놓고, 본인은 어느 정도의 위치에, 어느 상권에 들어갈지 고민해 보는 것이 좋다. 지금, 본서를 보면서 1-5중에서 마음이 가는 곳이 있다면, 그곳이 본인이 먼저 하게 될 곳이다. 필자는 맨땅에 헤딩의 정석이었기 때문에 원·투룸부터, 작은 것부터 시작했다. 그리고 아파트 회원제가 아닌 단순 회원제로서 가입비가 없는 동네였다. 대신 아파트 단지 앞 중개사무소들이 터줏대감 같은 곳이 많아 유대를 잘 쌓아나가며 공동중개를 통해 많이 익혔다. 가지 상권에 구하는 경우(대로변이 아닌 이면) 아파트 매물을 받기 어렵지만 월차임이 저렴하고 같은 금액 대비 넓은 평수를 쓸 수 있기 때문에 온라인으로 홍보를 잘할 수 있다면 추천한다. 필자가 이 방법을 쓰고 있다. 고정비를 최소화하고 버는 금액은 무한으로 늘릴 수 있는 역량, 그것을 키우는 게 중요하다.

일반적으로 젊은 연령대는 강남의 중개법인에 소공으로, 원·투룸이 많은 지역의 소공으로 입사하기도 한다. 중년의 여성은 아파트를 선호하는 성향이 강하다. 연령대가 있는 이들은 개업을 하는 경우가 많고, 중년의 남성은 상가를 주로 선호하는 경우가 많다. 하지만 이는 단순히 비율적인 부분일 뿐이므로, 자신의 예산과 선호하는 방향, 잘할 수 있는 지역을 먼저 둘러보는 것이 중요하다. 그리고, 반드시 주변 시세와 해당 사무소의 면적당 월차임이 어떤지, 임대인이 어떤지, 주변 중개사무소들의 회원제 여부 등은 어떤지 꼭 확인해 볼 것을 권한다. 상권분석보다 본인의 사무소가 될 필드에서 어떤 특성이 있는지, 중개사무소는 이것을 보는 게 더 중요하다.

회원제와 비회원제, '자릿값'의 비밀

'그 중개사무소' 자리의 가격은 이미 정해져 있다? 중개사무소를 개업할 때 가장 먼저 부딪히는 현실적인 벽 중 하나가 바로 '자릿값'이다. 권리금과는 다른 개념으로 접근하여야 한다. 실제 권리금이라는 항목처럼 상가임대차보호법상 회수 기회를 보호받는 등의 보호 수단은 있지 않다. 암암리에 이루어지는 '중개사무소만의' 고유한 회원가입비와 같은 명목이기 때문이다. 중개업계에서 말하는 회원제 자릿값이란 단순히 상가 보증금과 월차임, 권리금을 넘어서는 개념이다.

보통 중개사무소는 크게 '회원제'와 '비회원제'로 나뉜다. 회원제는 재건축, 재개발을 하는 지역 조합 지역이나, 아파트 지역 중개사 모임 등에 가입해 운영하는 형태다. 여기에 들어가려면 입회비(가입비)와 어떤 곳은 월 회비를 납부하기도 한다. 그 조직 내에서 정해진 운영규칙을 따라야 한다. 필자가 들어보거나 겪어본 바로는, 토요일은 격주로 무조건 휴무를 하여야 한다는 규칙이나 아파트 단지 거래 시 동별, 상호별 어디어디를 밀어주는 등의 기준이 있다. 반면 비회원제는 개인이 단독으로 개업하는 방식으로, 브랜드나 타 가입 회원의 도움 없이 모든 것을 스스로 책임지고 꾸려나가야 한다.

회원제의 가장 큰 장점은 정보망 접근성과 고객 유입 경로가 이미 어느 정도 확보되어 있다는 점이다. 내부 매물 공유 시스템, 실거래 정보, 광고 지원, 고정 수요 확보 등 기본적인 인프라가 갖춰져 있어 초보 개업공인중개사에게는 꽤나 심리적으로 큰 도움이 된다. 특히 브랜드 단지 아파트 등 입지상 인지도나 거래 금액이 보장되어 있는 경우가 많아 그에 따른 비용을 지불하고 자릿세를 낸다고 봐도 무방하다. 또한 지역 내 입소문을 통해 고객이 유입되는 구조가 이미 만들어져 있기 때문에 홍보에 익숙하지 않거나 네트워크가 부족한 초창기에는 매우 유리하다. 물론 비용이 상당하기에 잘 따져보아야 한다.

서울 한 아파트 단지 부근의 부동산 시세표 모습. 공인중개사 지역회비가 3,000만원 정도 한다는 뉴스기사를 최근에 본 적이 있다. 친목화 명분으로 가입비나 회비를 걷는데 공동중개를 해주고, 매물확보 등 영업정보를 공유한다. 아파트 단지에서는 개업초기에 가입을 안하면 살아남지 못한다는 이야기까지 돈다.

반면 비회원제는 독립성이 보장되고, 수익의 전부를 본인이 가져갈 수 있다는 점에서 자유도가 높다. 다만 광고, 매물 확보, 고객 유입, 정보 탐색 등 모든 것을 직접 운영해야 하기 때문에 업무 부담이 클 수밖에 없다. 특히 비회원제로 좋은 입지에서 개업하려면 기존 중개사무소의 권리금을 요구받거나, 프리미엄을 얹은 고가의 자릿값을 부담해야 할 수도 있다.

특이한 점은, 동일 지역 내에서도 회원제와 비회원제의 자릿값이 천차만별이라는 사실이다. 예를 들어 어느 신도시 상권에 회원제로 들어간다면 입회비가 약 300만 원에서 700만 원, 월 회비는 10만 원에서 50만 원 수준일 수 있다. 경험상 월별로 납입을 하는 경우는 심적 부담이 크기 때문에 많이 없었다. 다만 최초 가입비를 목돈 형식으로 내는 경우가 많다. 이는 대부분 내부 합의로만 형성된다. 하지만 같은 상권 내 비회원제로 단독 개업하려고 한다면, 역설적으로 권리금 명목으로 1,000만 원에서 3,000만 원 이상의 자릿값이 요구되기도 한다. 특히 지역 내 인기 있는 상권일수록 이 자릿값은 매우 견고하게 형성되어 있으며, 일부 지역에서는 암묵적으로 "이 구역에 들어오려면 얼마는 내야 한다"라는 식의 비공식적인 조건이 존재하기도 한다. 단체 대화방 등이 있어서 "xx 사무소에 누가 인수를 하려고 한답니다. 회원으로 들어오지 않을 예정이라고 합니다."와 같은 알림을 통해 경계를 하기도 하고, "xx 사무소 대표님까지만 입회를 받고, 더 이상의 중개사무소 개업은 알선하지 않도록 주의 바랍니다."와 같은 안내가 오기도 한다. 물론, 이는 중개사법상 금지행위로서 명확히 담합 등을 하거나 타 중개사무소를 소위 '왕따'시키는 행위로서 위반이지만, 암암리에 고유한 문화로 자리 잡고 있어 규제하기 쉽지 않다.

결국 자릿값은 '거래가 발생할 가능성'에 대한 선지불 투자금이라고 보면 된다. 고객이 오고, 전화가 울리고, 매물이 도는 그 자리에 앉기 위해 누군가는 기꺼이 비용을 지불하는 것이다. 자리만 좋으면 장사가 된다는 말은 절반은 맞고, 절반은 틀리다. 자릿값이 비싸더라도 그 금액을 3개월에서 6개월 내 회수할 전략이 있다면, 오히려 효과적인 투자일 수 있다. 그렇기에 회원제로 들어가게 될 마음을 먹는다면, 반드시 매출 확인을 하여야 한다. 권리금을 주고받을 때에도 매출표를 확인하지 않는가. 똑같다. 그 돈은 회수를 못할 수도 있는, 귀한 돈이다. 그 정도 모험을 하려면 최소한의 안전장치, 확인을 하여야 한다. 또한 회원제로 가입할 경우 인수인계와 대화방 입장, 기존 모임의 참석 장소에서 소개하는 등의 후임자를 위한 준비는 해달라고 요청하는 것이 좋다.

재개발, 재건축 조합 내부의 자리는 외부에 공개되기 전에 내부 추천이나 기존 인맥을 통해 먼저 회전되는 경우가 많다. 그렇기에 정보를 빠르게 캐치하고, 지역의 특성을 파악하며, 적절한 시점에 들어가는 것이 중요하다. 혹은 회원제나 고가의 권리금이 형성되기 전에 빠르게 입지를 선점하는 방법도 있다.

경력이 있거나 마케팅, 브랜딩, 실무에 자신이 있다면 비회원제 단독 개업도 충분히 고려할 수 있다. 필자는 경력도, 경험도 없었지만 비회원제로 '그 동네의 토박이'라는 장점과 열정 하나로 개업했다. 처음 1-2년은 정말 고전했다. 회원제에 들어가 보지는 않았으나, 많은 경험담을 들어 보건대 초보 때 여유 자금이 있고 정말 제대로 해볼 요량이라면 회원제 자체를 부정적으로 평가하지는 않는다. 하지만 경기의 변동이 심하거나 지금처럼 부동산 경기가 안 좋을 때에는 권리금 없이 망하는 업소가 수두룩하기 때문에, 자금을 아끼는 측면에서는 비회원제로 여러 정보를 얻어 발품을 파는 것이 필자 성향에는 더 좋다고 판단한다. 결국에는 기회비용 싸움이다. 직접 부딪치고 그 돈을 아낄 자신이 있다면, 비회원제로 본인만의 세계를 구축하는 것도 나쁘지 않다. 결론적으로, 자릿값은 단순히 '비싸다, 싸다'로 나눌 수 있는 개념이 아니다. 오히려 그 자리를 통해 얼마나 빠르게 수익을 회수하고, 시장에서 살아남을 수 있느냐가 본질적인 질문이다. 그리고 그 해답은 단순히 '돈을 얼마나 들였느냐'가 아니라, '그 자리를 어떻게 활용하느냐'에 달려 있다.

다음 페이지의 QR은 출판사의 도움으로 간단히 만든 설문지다. 필자가 앞서 분류한 것과는 조금 다르지만, 가볍게 재미 삼아 해보길 바란다.

 **성공키트 ① 나에게 딱 맞는 중개사 타입 찾기**

★ **5~7점 : 타입 A - 지역 밀착형 주택 전문가**
- 핵심 성향 : 고객과의 관계 중시, 안정적인 주거용 부동산 중개 선호, 친화력 강점.
- 키워드 : 신뢰, 단골, 지역 사랑방, 주거, 안정적 수익.
- 주요 가이드 : 특정 지역에 깊이 파고들어 전문성과 신뢰를 쌓는 전략 필요. 온라인 커뮤니티 활용 능력 강화.

★ **8~10점 : 타입 B - 상가·수익형 부동산 개척자**
- 핵심 성향 : 상업용 부동산에 대한 높은 관심, 분석적 사고, 새로운 시장 개척 욕구.
- 키워드 : 투자, 상권 분석, 권리금, 전문성, 높은 수익.
- 주요 가이드 : 상권 분석 능력 심화, 권리금 협상 노하우 습득. 투자자 고객군 확보 전략.

★ **11~13점 : 타입 C - 영향력 있는 디지털 마케터 중개사**
- 핵심 성향 : 온라인 활동에 적극적, 퍼스널 브랜딩 의지, 콘텐츠 제작 능력.
- 키워드 : 브랜딩, 유튜브, 블로그, SNS, 온라인 마케팅, 파이프라인.
- 주요 가이드 : 온라인 채널 운영 전략 수립, 숏폼 콘텐츠 제작 능력 향상. 본인의 전문성을 콘텐츠로 승화.

★ **14~15점 : 타입 D - 고수익 다물건 투자 전문가 지향**
- 핵심 성향 : 다양한 부동산 유형에 대한 관심, 분석적/논리적 문제 해결 능력, 고수익 추구.
- 키워드 : 다물건, 분석, 투자, 고수익, 확장, 전문성.
- 주요 가이드 : 다양한 부동산 관련 법규 및 세무 지식 습득, 복합적인 거래 성사 능력 강화.

3
공간 브랜딩 : 인테리어와 실무 환경

　후반부에 공간 브랜딩 외의 중개사 본인을 브랜딩하고 마케팅하는, 즉 자신의 몸값을 높이는 부분에 대하여 다룰 예정이다. 중개업은 정해진 보수표에, 해당 중개대상물을 중개했을 때의 금액만이 정확히 산출되는 업종이다. 즉, 몸값을 높이려면 계약 건수를 늘려야 하고 그에 앞서 가능성을 높이려면 나를 믿어주는 손님과 좋은 매물이 따라야 한다. 이번 파트에서는 손님에게 신뢰감을 주고 손님이 더 많이 찾아올 수 있도록 하는, 사무소의 물리적인 요소를 살펴보자. 내·외부의 인테리어와 브랜딩도 매우 중요한 요소다.

사무소 명칭, 간판, 명함 : 초보 중개사의 첫 브랜딩

사무소 명칭

초보 공인중개사에게 '첫 브랜딩'은 단순히 사무소 명칭과 간판을 정하는 문제가 아니다. 고객에게 첫인상을 각인시키고, 앞으로의 영업 방향과 정체성을 설정하는 중요한 시작점이다. 필자가 개업 후 시간이 지나면서 늘 아쉬운 부분이 있었다. 타 전문자격사들은 보통 자신의 이름을 곧 브랜드로, 상호를 짓는다. 혹은 특별한 의미를 담아 짓기도 하는데, 유독 중개사무소들의 상호는 너무나 흔하다. 고유명사가 아니기에 편하게 나열할 수 있는데, 소망, 희망, 행복, 부자 등과 같은 상호이다. 그 외에도 수백 가지는 될 것이다. 글을 보는 독자분들도 매우 공감할 것으로 생각된다. 이렇듯 사무소의 명칭은 고객이 가장 먼저 접하게 되는 브랜드인데, 그 명칭 하나에 당신의 정체성, 전문성, 차별성이 모두 담겨야 한다. 초보 중개사가 사무소 이름을 지을 때는 다음과 같은 원칙을 고려하면 좋겠다.

(1) 지역성과 전문성을 함께 담기

보편적이기도 하지만, 가능하면 활동할 지역명을 포함시키는 것이 좋다. 혹은 아파트를 전문으로 한다면 단지명을 넣는 것도 매우 일반적이다. 다만, 단지명을 넣을 때에는 타 중개사무소도 유사하게 넣기 때문에 손님들이 구분하기 매우 어렵다. 예를 들어, A단지부동산, A단지아파트부동산, A단지전문부동산 등과 같이 어디가 어디인지 모르겠는 경우를 말한다. 이럴 때에는 특별한 단어를 추가하는 것도 방법이다. 구체적인 지역명을 넣으면 고객에게 신뢰감을 주고, 지역 키워드 검색에서도 노출이 유리한 측면이 있다. 여기에 상가전문, 신축전문, 투자전문 등 자신의 영업 포지션이 명확하다면 함께 포함시키는 것도 방법이다. 예를 들어 'A 상가전문 공인중개사사무소'와 같이 말이다.

(2) 자신의 이름을 넣은 중개사사무소

필자의 중개사무소 명칭은 '이승주공인중개사사무소'다. 행정사사무소 역시 '이승주행정사사무소'다. 본인의 이름으로 브랜딩을 할 수 있고, 향후 유튜브나 블로그 등 다양한 플랫폼과 연동하기도 쉽다. 필자는 후반부에 나올 '자신의 이름을 곧 브랜드화'시키는 전략을 택하고 있다. 또한, 실제 경험상 이름을 넣은 상호가 신뢰감을 주었다는 평이 많았다. 재미있는 일화 하나를 간단히 소개하자면, 필자가 24년도에 거래가 잘 안되는 아파트 단지 매매를 양타(단독중개)로 진행한 적이 있었다. 보수가 양쪽 합쳐서 1,000만 원에 육박했던, 고가의 소중한 중개였다. 그때 매수자의 성함이 필자의 이름과 같았고, 조카와 필자의 사무소 앞을 지날 때마다 "삼촌 이름이다!"라고 했다고 한다. 필자에게만 나와 있는 매물이 아니었음에도, 그 이유로 사무실에 방문을 했고 그렇게 계약했다.

(3) 브랜드 확장을 염두에 둔 이름

추후에 법인을 고려하여 프랜차이즈 형식으로 2호점, 3호점 혹은 온라인 브랜드로 확장할 가능성이 있다면, 너무 좁은 지역에 국한되지 않는 이름도 고려해야 한다. 예를 들어 '서울동작 이승주공인중개사사무소'처럼 넓은 범위의 이름을 설정해두면 추후 브랜딩 확장에 유리하다.

(4) 법적·실무적 문제 확인

같은 동네에 동일한 명칭이 있는 경우는 많다. 흔한 단어를 쓰는 경우 겹치는 부분이 많다. 이 경우에는 상표 문제가 발생하지는 않지만, 해당 사무소에서 매우 불쾌하게 생각할 것이므로 동일한 명칭이 있는지 앞서 반드시 확인해야 한다. 네이버, 다음 지도, 구글맵에 이미 등록된 유사 이름이 있는지도 조사해 보는 것이 좋다. 보통은 중개업계에서 상호는 상표등록을 하는 경우가 드물다. 상호가 그만큼 독창적이거나 상표적으로 중요한 부분은 아니기 때문이다. 다만, 도의적으로 실무에서 자칫 동네에 동일한 상호로 개업할 경우에는 정말 두고두고 난처할 수 있다. 몇 초만 검색해도 알 수 있지 않은가. 꼭 염두에 두자.

| 간판

다음은 상호를 잘 보여주고 손님들이 지나가며 잘 볼 수 있는, 간판이다. 간판은 단순한 시각물이 아니라, 고객의 눈길을 끌고 '여긴 믿을 수 있는 곳'이라는 신뢰를 전달하는 장치다.

(1) 간결하고 강력한 정보 전달

간판은 지나가는 사람에게 단 3초, 아니 1~2초 안에 정보를 전달할 수 있어야 한다. 사무소 명칭은 필수다. 대표 전화번호 등은 법적 기준은 아니지만, 당연히 홍보하는 메시지이므로 넣어야 한다. 다만, 너무 많은 문구를 넣거나 조잡한 글귀 등은 피하는 게 좋다. 정말 채우고 싶은 내용들이 있다면 시트지가 있지 않은가. 홍보 수단은 많다. 간판은 눈에 띄게, 어떤 사무소인지만 각인되게끔 하는 것이 포인트다.

(2) 색상과 글씨체의 조화

중개업소 간판은 흔히 파란색, 흰색, 빨간색을 많이 쓴다. 이는 눈에 잘 띄기 때문이다. 하지만 요즘은 세련되고 차분한 인상을 주기 위해 네이비+화이트, 블랙+골드 조합을 쓰는 경우도 늘고 있다. 글씨체는 고딕체나 명조체처럼 시인성이 뛰어난 것을 쓰되, '너무 유치하거나 장난 같은 느낌'은 피하는 것이 좋다.

(3) 간판에도 브랜딩 요소를 넣기

로고나 슬로건이 있다면 간판 하단이나 측면에 작게 넣는 것도 방법이다. 이런 문구는 고객의 신뢰를 높이고 차별성을 주는 데 효과적이다. 다만, 필자는 최대한 간결한 것을 선호하고 색상과 가시성으로 승부를 보고자 했다.

(4) 주·야간 모두 가독성 확보

간판에는 조명이 필수다. 낮에는 자연광에서 잘 보이고, 밤에도 선명하게 보여야 하므로 LED 채널 간판이나 후광 조명 간판을 고려해 볼 수 있다. 비용이 부담된다면, 외부 LED 조명을 따로 설치해도 충분하다. 일반적으로 간판 천 안에 조명을 넣고 주기적으로 교체하는 방법을 쓴다. 형광등은 교체 시 개당 1만 원 정도가 들고, 일반적인 크기의 간판이라면 약 30~40개의 전등이 들어간다. 즉, 3년 정도 주기로 30~40만 원을 지출하여야 한다는 뜻이기도 하다. 특히, 이면 도로의 경우 주변에 불이 꺼지면 간판이 가로등 역할도 하게되어 주목도가 더 커진다. 때문에 간판의 LED에는 투자를 아끼지 말자.

(5) 건물 구조에 맞게 설치

건물의 외벽 구조나 입면을 고려하지 않고 설치하면, 주변 상가와 겹쳐 눈에 띄지 않거나 미관을 해칠 수 있다. 건물 관리소나 주인에게 간판 설치 위치, 규격, 조명 가능 여부를 사전에 꼭 확인하고 시공사와 함께 현장 실측을 하는 것이 중요하다. 대부분은 전문가가 사전에 실사를 나오고 그에 맞추어 어느 정도 협상 후 진행을 한다. 그에 앞서 반드시 견적을 먼저 받고, 2-3가지 옵션에 따른 견적 차이를 보자. 그리고 업체도 2-3곳 정도는 비교해 보는 것이 좋다. 정말 잘 아는 이가 있거나 시세 대비 정말 잘해주는 곳, 혹은 친절한 곳이라면 필자는 더 비교하지 않고 하는 편이긴 하다.

| 디자인이 중요한 명함

어떤 명함은 너무나 심플하고, 어떤 명함은 너무나 조잡하다. 예전에 필자가 개업 전 봤던 책에서는, 명함에 본인 사진이나 캐리커처를 넣어서 임팩트를 주라고 하였는데, 이 부분은 성향 차이일 수 있겠지만 필자는 선호하진 않는다. 물론 명함이라는 것이 본인을 알려야 하며 소속과 신분을 밝히는 정보제공 수단임은 이견이 없다. 다만 담백하고 필요한 내용만 앞면에 들어가고, 뒷면에는 본인이 강조하는 계좌번호와 찾아오시는 길 지도를 넣거나, 지도를 넣기 힘들다면 오시는길 안내 문구와 좋아하는 문구를 두는 것을 추천한다. 정말 그림을 포기하지 못하겠다면, 캐리커처는 차라리 뒷면에 두길 바란다.

시간이 지나면서 느끼는 것은, 명함은 심플하고 담백하게, 대신 임팩트 있게 필수 정보만 들어가는 것이 가장 좋다. 대부분 명함을 주고받으면 그 사람의 직함, 상호 정도만 본다. 그전에 시각적으로 전체적인 명함의 디자인 이미지가 가장 먼저 눈에 들어오기 때문에, 심플하게 보기 쉽게 만드는 것이 중요하다. 글자체 폰트도 올드하지 않게, 담백한 폰트로 요청하여야 한다. 디자인비는 명함 200장(기본) 기준 5천 원 ~ 1만 원 정도이다. 로고 디자인도 하고 싶다면 좀 더 비용이 든다. 로고와 특별한 디자인을 맡기면 10만 원 내외로 온라인에서 알아볼 수 있다. 네이버 숨고, 크몽 등을 이용해 디자인을 맡길 수도 있고, 명함 인쇄라고 검색해서 인쇄소에 있는 디자이너에게 한번에 맡길 수도 있다.

명함은 또 다른 내 '종이 얼굴'이다. 종이 재질은 크게 두껍게 할 필요 없고, 보통 재질로 200장을 만들면 된다. 2만 원 선이면 될 것이다. 그리고, 명함의 파일을 jpg 형식으로 저장하여 즐겨찾기 사진으로 해두고, 통화가 끝나면 명함을 보내는 것을 습관화하자. 가장 중요한 부분이라고 생각된다.

▎마무리 조언

초보 중개사는 고객에게 브랜드로 다가갈 수 있는 요소가 많지 않기 때문에, 이름과 간판이 곧 얼굴이다. '나는 어떤 고객을 위해, 어떤 방식으로 일하는 중개사인지'를 항상 염두에 두고 브랜딩 요소를 설계하자. 이후 유튜브, 블로그, 명함, 전단지 등에도 같은 톤과 메시지를 일관되게 담으면 신뢰감은 더 커진다.

필자의 명함(상)과 간판(하) 이미지다. 명함과 간판에 통일성을 주었으며, 이미지화시켰다. 또한, 간단하게 설명하고 로고를 입혀 연상을 가능하게 했다. 두 사무소의 간판과 명함을 함께 붙여 연계성도 함께 높이는 전략을 짰다. 적어도, 동네에서는 필자의 상호와 성명을 모르지 않게 될 것이다.

소박하지만 신뢰를 주는 인테리어 소품 전략

그렇다면, 사무소의 인테리어는 어떻게 하면 좋을까? 대대적인 리모델링을 하는 경우가 아닌, 내부의 소품, 오브제 등으로 포인트를 주는 인테리어를 기준으로 하였음을 밝힌다. 본서는 건축 또는 인테리어 서적이 아닐뿐더러 중개업 초반에 많은 자본을 투하하지 않고도 성공적인 개업을 하는 것이 목표다. '구색'을 잘 갖추기 위한 가성비 좋은 방법에 주안을 두었음을 밝힌다.

(1) 녹색 식물

눈이 편안해지고, 식물이 주는 안정감이 있다. 다만, 사무실에 비해 너무 크거나 수가 많으면 비좁아 보인다. 적당한 비율로 놓아야 한다. 관리가 어려운 식물은 피하자. 시들한 식물은 오히려 이미지가 좋지 않다.

(2) 해바라기 액자

사무실 출입문을 열었을 때 바로 보이는 위치를 추천한다. 사무실이 밝아 보이고 돈을 부른다는 속설이 있다.

(3) 조명

사무실 느낌만 나게 하고 싶다면 주광색(사무실톤), 중간 정도 세련미 있게 하고 싶다면 주백색, 아늑함과 편안함을 느끼게 하고 싶다면 전구색(노란빛)을 띄게 디스플레이 하자. 정말 인테리어의 절반 이상은 조명이 다 한다고 해도 과언이 아니다.

추가적으로, 1층 사무소의 경우라면 투명 유리가 입구 쪽에 통창으로 있는 경우가 많을 것이다. 이때 그 유리를 최대한 활용하자.

중개사무소처럼 보이고 또 가장 효과가 좋은 것 중 하나를 고르라면, 벽보 매물장이다. 퇴근 시 불을 다 켜고 가면 전력 소모가 크다. 벽보 매물장 쪽만 갓등 형식으로 달아두자. 주변에서 밝다고 민원 들어올 확률도 적으며, 매물장만 항상 밝게 비추기 때문에 생각보다 많은 이들이 오가면서 본다. 필자도 벽보 매물장으로 적잖은 문의를 받았고, 여러 건의 계약을 했다.

퇴근 시간 후 혼자만의 분위기를 내거나 업무에 집중하고 싶을 땐, 많은 전문가 사무실이나 드라마에서 보듯 업무용 책상 주변에 스탠드 등을 하나 두면서 그 등으로 업무를 하면 분위기와 집중력 둘 다 잡을 수 있다.

인테리어에서 가장 중요한 것은 깔끔함과 콘셉트이다. 공인중개사 사무실이라는 최초 목표는 잊지 않아야 한다. 중개사무소인데 카페처럼 꾸며놓는다면 사무실 정체성(?)에 혼란이 올 수 있다. 그렇다면, 당연히 준비하여야 한다는 필수 준비물, 지도가 내부에 있다면 누가 봐도 중개사무소임을 알 수 있겠다.

(4) 지도

이 지도는 크게 2개를 준비하면 된다. 아파트를 한다면 주로 중개할 예정이거나 해당 지역의 랜드마크 아파트의 평면도, 조감도 등을 준비하여야 한다. 아파트를 계획하지 않더라도 한 쪽 벽면에는 버티컬 블라인드처럼 오르락내리락할 수 있도록 사무실 주변 위치

지도를 만들어두자. 지도는 축척 조절이 가능하기에, 지도 맞출 때 "보통 많이 하는 축적이 어떻게 되나요?"라고 물어보자. 동네 맞춤으로 추천해 줄 것이다. 인터넷에 부동산 지도라고 검색하면 신한지도, 한일지도 등 업체가 여러 곳 나온다. 한국공인중개사협회에 보면 중고물품 매매 게시판이 있는데 종종 깨끗한 지도가 올라온다. 같은 동네라면 고민해 볼 법 하다.

(5) 계약용 테이블이나 소파

사무실의 크기에 따라 다르지만 계약 시 한 팀에 여러 명이 방문할 수 있기에 4~5인 이상 되는 테이블과 의자 세팅은 필요하다. 공동중개의 경우 상대방 부동산의 공인중개사와 손님까지 오면 정말 복잡하다. 손님이 두 팀이 오기도 하니 공간은 어느 정도 있는 것이 좋다. 가끔 사무실이 너무 협소한 나머지 책상에 2인 테이블 하나, 소파에 1인 이렇게 구비가 되어 있는 곳도 있다. 크기가 너무 협소하다면 그나마 최선의 선택이겠지만, 그럴 땐 무조건 테이블은 기본이되, 가능한 많은 손님이 앉을 수 있도록 스페어(spare) 의자를 상시 구비해두는 것도 추천한다.

(6) 책장

다음은 책장이다. 책장은 필수는 아니지만, 책장 하나 두고 그 뒤에 책을 많이 쌓아두면 정말 전문성 있어 보이는 이미지와 '공부를 많이 한 사람이구나'라는 느낌을 확실히 준다. 다만, 케케묵은 오래된 도서라든지 정말 구시대 유물 같은 책, 혹은 자격증 공부를 할 때 보던 책은 역효과다. 법전 또는 부동산 관련 지식서를 두는 것이 가장 이상적이라고 생각한다. 책이 너무 많으면 오래된 책 특유의 냄새가 강하고, 책벌레 같다는 이미지를 주기 때문에 여기저기 책을 쌓아두진 말자. 백면서생처럼 보이거나 고리타분 또는 고지식해 보일 수 있다.

(7) +@

오감이 인테리어의 완성이라고 생각한다. 후각은 논외로 하고, 이번엔 청각의 인테리어다. 예쁜 블루투스 스피커를 두어 인테리어 소품 효과를 내보자. 그리고 내부에 잔잔한 음악을 틀어보자. 필자는 계약 때나, 손님이 방문하기로 하면 무조건 잔잔한 음악, 힐링되는 음악 등의 단어를 검색하여 음악을 틀어놓는다. 이는 실제로 분위기를 가라앉혀주고 차분한 공기를 만들어주는 효과가 있다. 기분 탓일 수도 있다. 하지만 그 기분에 본인이 영향과 효과를 받는다면 그것만으로 충분하지 않는가. 잔잔한 분위기 속에서 차분한 마음가짐을 만들어주고, 백색소음(white noise)라고 하는 소음이 집중력을 오히려 배가시키듯, 잔잔하고 고요한 음악이 무의식에서 반영되어 차분하게 만들어준다. 필자가 매일, 직접 경험하고 있는 것이라 정말 추천한다.

성공키트②
최소 비용으로 시작하는 현실적인 개업 예산안

직접 적어보고 목록화해두는 것이 개업에 도움이 많이 된다.

- 예상 또는 목표 매출을 사업계획서를 작성함으로써 수치화하자.
- 보증금, 월차임
- 회원제 가입 여부(아파트 단지에 주로 형성)
- 중개대상물 주종목 집중도, 위치 등 상권 특성에 따라 결정
- 기존 중개사무소를 인수한다면?
  권리금 여부(바닥, 영업, 시설 중 어떤 부분에 해당하는지 구분할 것)

성공키트③ 오픈 시 필요한 사항 List up

필자가 실제로 개업을 하면서 메모했던 리스트다. 아주 세부적이거나 주관적인 사항들은 개별적으로 가감하면 되겠다. 큼지막한 부분은 이 정도면 빠짐 없을 것이라 생각한다. 목록화하여 이대로 준비하면 중개사무소의 구색으로는 충분할 것이다. 정말 자세하게 나열하였다. 필자가 직접 모두 다 기록하면서 정리한 꿀팁을 방출하는 것이므로, 이것만으로도 정말 큰 도움을 받을 것이라 확신한다.

사무실 오픈 - 준비물 메모 List
List를 출력 후,
준비 시마다 하나씩 V 혹은 O로 체크하면 좋다.

★ 귀한 자료이므로 본서를 구입한 독자님들만 보시길 바란다.

4
개업 전, 개업 초반
미리 준비해두면 좋은 꿀팁 모음

앞서 개업 준비가 잘 되었다면, 이제 컴퓨터에 즐겨찾기를 할 사이트들도 해두고 시간을 단축해 줄 나의 소프트웨어들을 구비해야 한다. 본 주제에서는 그 꿀팁들을 모아보았다. 개업 전, 개업 초반 꼭 하면 좋은 꿀팁 목록을 살펴보자.

지도 등록

포털사이트마다 반드시 등록하여 내 또 다른 발을 만들자. 네이버, 다음을 가장 기본으로 두는데, 구글 지도 등록을 하면 한 달마다 누가 우리 사무실을 얼마나 검색했는지 실적 안내를 주기 때문에, 구글까지 지도 등록을 하길 추천한다. 세상에 멀리, 많이 내 또 다른 명함과 발을 만들어 두는 것이다.

네이버의 경우 신뢰감을 줄 수 있을 만한 사진, 내부의 자신 있는 부분 등을 등록 시 사진으로 같이 추가하면 좋다. 실제로 필자 사무실에 전화를 하고 계약이 이어지는 경우 나중에 우연히 들어보면 '사진이 신뢰감이 가서', '사무소 간판만 보이는 게 아니라 사무소의 내부, 대표의 사진 등이 보여서'라는 대답이 많았다. 특히, 젊은이들이 그런 부분에 높은 호감을 사므로 해두는 것이 좋다. 'xx동 부동산', 'xx역 부동산' 검색 시 많은 손님들은 중개사무소의 사진이나 대표자 사진, 신뢰감 등을 보고 판단한다. 지도 등록 뿐 아니라 위치 등록 시 사진과 상세한 설명 등을 인간미 있게 달아주면, 큰 도움이 될 것이다. 다음 지도는 등록 후 맵을 보기에 좋아서 주로 활용한다. 다음 포털도 만만찮게 활용하니, 꼭 등록해두길 바란다.

▌구글맵 - 외국어 버전

돈 안 들이고 국내에서 전 세계를 대상으로 땅따먹기 하는 방법이다. 외국인을 상대로 할 경우거나, 필자처럼 행정사사무소를 함께 운영한다면 외국어로 등록하여 외국인을 구글로 유치할 수도 있다. 이는 굉장히 큰 경쟁력인데, 대부분이 영어 버전이 되어있지 않기 때문에 외국인들이 실제 집을 구할 때 한국인 동료의 도움을 받거나 직접 한국어를 잘할 수 있는 이들만 찾는 경우가 많다. 따라서 외국어 버전으로 등록해둔다면 외국인은 구글로 검색하는 경우가 매우 많으므로 높은 경쟁력을 확보할 수 있다. 다만, 전제조건은 등록을 해두고 손님이 내방했을 때에도 언어를 구사할 수 있어야 한다는 점. 그렇기에 대부분은 등록을 하지 못할 것이다. 따라서, 본인이 특정 언어에 능숙하다면 공용어인 영어로 어떤 언어가 가능한지를 표시해 주고 어느 나라 국적 전문 등을 표시할 수 있을 것이다. 외국인들은 커뮤니티가 형성되어 있는 경우가 많고 타국이기 때문에 한 번 전문가를 알게 되면 그 전문가와 계속 관계를 유지하는 경우가 많다. 따라서 이점을 활용할 수 있는 이가 있다면 고려해보자.

| 계약서를 반드시 미리 써보기

중개대상물 종류, 주 종목에 따라 다르지만, 그래도 가장 일반적인 주거 형태, 권리금 없는 상가 먼저 써보길 추천한다. 더 세분화하면, 단독주택 형태와 집합건물 형태를 구분해서 작성한다. 연면적을 적는 칸, 공부상 용도 등을 적는 방법이 미세하게 다르기 때문에 당황하지 않고 차이점을 직접 겪어보아야 느낄 수 있다. 예를 들면, 집합건물 형태의 경우 계약서에 전용부분 면적을 기재하고, 다가구 및 다중주택 형태의 경우 건물 면적에 연면적을 쓴다.

또한, 확인·설명서도 이어서 작성해 보아야 한다. 서식이 4개라 각각의 특이점이 있다. 또한 주거용의 경우 특히 체크할 사항이 많고 최근 24년 7월까지 개정사항이 추가 반영이 되었을 뿐 아니라 그전에도 계약갱신요구권 청구여부, 선순위임차보증금 자료 제공 여부 등 추가된 사항들이 있기 때문에 반드시 눈에 익혀야 한다. 글자가 작게 표시항목이 여러 개라 자세히 보지 않으면 누락하는 항목이 있다. 처음에 당황하다 보면 절대 보이지 않기 때문에, 연습을 통해 체화하는 것이 좋다.

물론, 처음에 소공으로 들어간다면 대표가 작성을 대부분 하지만, 실무를 하다 보면 소공이 작성하는 경우도 생길 수 있다. 대표가 얼마나 알려줄지 모르겠으나, 언젠가는 개업을 할 것이 아닌가. 계약서를 써보면서 반드시 느껴지는 게 있다. 그리고 갑자기 계약서를 작성하게 될 일도 있다. 필자도 현장에서 바로 계약서를 작성하게 되어 임대인 임차인이 모두 기다리는 상황이 종종 있다. 지금이야 누워서 떡 먹기지만, 초반에는 정말 떨렸었다. 필자는 연습을 해둔 덕에 바로 계약을 빨리할 수 있었다.

| 다양한 양식 구비

계약서 양식은 한국공인중개사협회 가입 시 한방이라는 프로그램에서 제공받을 수 있으며, 인터넷에 일반 계약서 양식도 많이 있으니 공란을 두지 않고 꼭 채워보자.

필자의 강의를 수강한 수강생에게 제공 되는(위패스 실무아카데미 wepass.co.kr) 서식집을 활용하면 매우 다양한 서식을 보유할 수 있게 된다. 실제로 많이 사용할 일은 없는 서식도 있기 때문에 보관해두면 유용하다. 꼭 필자의 강의를 듣지 않더라도, 서식은 그때그때 생각나거나 필요한 것은 받아두자. 웬만한 서식은 부동산거래정보망 프로그램의 서식 파일 모음집이나 한국공인중개사협회에서 받을 수 있다.

다양한 물건 중개 시 상황별로 생각보다 양식들이 필요한 게 갑자기 튀어나올 때가 있다. 대표적으로 번외로 구비하면 좋을 서식은, 거래사실확인서, 공과금 정산서, 위임장, 권한양도양수승계확인서, 금전반환 영수증 등 다양하다. 미리 다양한 양식과 서류를 준비해두길 추천한다.

▎타자 연습

아직 타자에 익숙하지 않다면, 타자 연습을 필수로 해두어야 한다! 손님이 앞에서 기다리는데 독수리 타법으로 천천히 한 글자씩 치다간 손님은 떠나버릴 것이다.

엑셀 & PPT 연습

엑셀은 기본 중의 기본이다. 기본 단축 키나 표 만들기 정도만 해두어도 충분하다. PPT는 브리핑 시 유용하다. 건물, 고급 빌라 등을 중개한다면 PPT 자료 형식 포맷(format)을 한번 잘 만들어두자. 전문적인 프로그램을 구동하거나 코드를 입력하여 특정한 기술을 사용하라는 것은 아니다. 그것은 필자도 못한다.

다양한 고객 자료 확보, 영업 개시 홍보

미리 DM을 보낸다던가, 최대한 많이 SNS 등에도 홍보를 미리 해두자.(이는 개업 초반, 개업 바로 직전 모두 유효하다. 아니, 개업 후에도 꾸준히 중요하다) 중개사는 재고자산이 없는 장점이 있다.(로스가 없다) 반면에 매물은 다다익선이다. 매물이 곧 중개사의 무기가 된다. 매물이 없는 중개사무소는 무슨 의미가 있을까 싶다. 물론, 손님이 많으면 공동중개 위주로도 가능하지만, 계약서를 써봐야 실력이 늘어난다. 실제로 계약서 쓰는 물건지 중개사무소에서 계약 과정에 대부분의 서류작업을 다 준비하기 때문이다.

▍상권 파악

사무소를 급하게 구했거나, 상권에 대해 아직 익숙하지 않은 경우가 있을 것이다. 밤·낮·평일·주말로 나누어 시간대별 상권과 특성을 확인하자. 동네마다 정말 다르다.

▍다른 동네 중개사무소 방문해 보기 & 손님 응대 스킬 파악

다른 동네의 중개사무소를 들어가 보자. 어떻게 응대하는가, 어떤 중개사와 손님으로서 이야기했을 때 좋았고 계약을 하고 싶은 마음이 들었는가. 그 마음에 답이 나올 것이다. 앞으로 어떻게 응대를 해야 잘할 수 있는지 말이다.

▍우리 동네 중개사무소 인사 겸 방문

동네 중개사무소는 가급적 무조건 잘 지내야 한다. 평소엔 당연히 경쟁이고, 오늘의 적이 내일의 아군이 되는 이 판이지만 말이다. 그럼에도 혼자 '독고다이'한다면 정말 고독한 중개업 운영이 될 수 있다. 단, '나 혼자만 레벨 업'은 언제든 권장한다.

▍세금이나 기타 부동산 최근 법, 판례, 유권해석 등 공부

정말 개업 후 늘 필수다. 법이 워낙 자주 바뀌고 제도가 시시각각 변한다. 대출 규제, 부동산 정책 등 변화무쌍하다는 단어조차 적합하지 않을 정도다. 법 조항은 중개사법 등 고유의 법령이 자주 바뀐다. 민법, 대법원 판례는 불변의 것이 많다. 대법원 판례는 신규 판례가 무엇이 있는지도 알아두면 좋다. 민법이 강하면 일상생활에서 정말 유용하다. 백성끼리의 다툼을 막고자 정해둔 법이 민법이고 그만큼 광범위하지 않은가. 중개할 때에도 엄청난 전문적 이미지를 심어줄 수도 있다. 유권해석도 즐겨찾기 홈페이지에 추천한 대로 지자체 홈페이지, 국토교통부 보도 자료 등을 자주 보면 트렌디(Trendy)한 중개사로서 좋은 이미지를 심어줄 수 있다.

▍즐겨찾기 할 홈페이지 목록을 생성해두기

꼼꼼하게 본서에 별도로 정리하였다. 미리 해두고 눈에 익혀두면서 사이트를 자주 왔다 갔다 하자. 그리고, 아이디와 비밀번호도 생성하여야 하기 때문에 미리 다 가입을 잘 해두자.

성공키트 ④
내 시간을 줄여주는
홈페이지 즐겨찾기 목록

▎중개하고자 하는 위치 및 주변의 지번을 외우기

지번을 외우며 돌아다녀 보자. 길 물어보는 이들이 생각보다 많다. 필자가 글을 쓰는 시점인 오늘도 있었다. "xxx-xx가 어디에 있나요?", "사당N동의 xx이 어디죠?" 하는 경우 등이다. 머릿속에 그려지니 바로 설명이 가능했다. 물론, 즉각적으로 지도 검색을 할 수도 있지만, 외워두는 것이 본인을 위해 좋다. 매물 의뢰가 들어올 때 보통 지번을 말해주기 때문에, 어느 지역인지 사무실에서 검색하지 않아도 대략 그려질 수 있기 때문이다. 로드뷰나 거리뷰, 지도상의 안내된 지번도 위치를 잘 알고 주변 점포를 꿰고 있어야 바로 설명이 가능하다.(*구주소와 신주소를 함께 외우길 추천한다.)

▎주변 시세(토지는 평당, 아파트 시세) 파악

상권 파악과 유사한 개념이다. "평당 얼마나 가요?", "xx 아파트 30평대 얼마나 해요?"는 하루에 한 번은 듣게 될 단골 질문이다.

▎공과금, 관리비 등 정산 방법 및 연락처 파악

공과금 기지국 연락처 저장, 아파트별 관리사무소 전화번호를 저장해두면 잔금일에 매우 편리하다.(이삿짐, 세무, 은행, 법무 등 연계 전문가들의 연락망 구비도 좋다.)

Practice
Welcome to 야생!
실전 중개 기술

계약서 한 장 쓰지 못하던 왕초보를
계약률 높은 실전전문가로 만드는 과정

1
고객 응대 : 고객은 어떻게 오는가

　　전화 또는 방문의 방법으로 보통은 고객과의 접점이 시작된다. 전화를 하기까지 검색을 통해, 광고를 보고 연락을 하는 경우가 일반적이다. 이때, 여러분은 고객에 대한 정보가 없다. 고객은 여러분에 대한 정보, 여러분의 광고에 대한 정보를 이미 보고 전화를 한다. 비대칭적인 정보력을 가진 상태에서 응대를 시작하게 된다. 손님이 방문할 때에도 마찬가지다. 손님은 수요가 있다. 우리는 그 원하는 바를 빠르게 캐치하는 것이 중요하다. 첫인상, 첫 마디로 시작하여 어떻게 리드하느냐에 따라 손님이 발걸음을 밖으로 옮길지, 앉아서 이야기를 나눌지 판가름 난다. 이번에는 고객과의 첫 접점에서, 어떻게 고객을 오게 할 수 있는지 알아보자.

문의전화와 방문을 계약으로 바꾸는 실전 응대 스크립트

고객과 전화 또는 로드 방문으로 처음 접점이 시작될 때, 호감을 사고 마음을 이끌어내야 한다. 실제로 필자가 높은 계약 성공률을 거둘 수 있었던 필자만의 팁을 공유하고자 한다.

| 전화로 첫 통화 시

우선, 통화에 앞서 여러분의 사무소 대표전화에 음성안내멘트를 설정하자. 통신사별로 다르지만, 필자는 안내 멘트를 설정할 수 있는 전화기를 구비했다. 사업장을 3개 운영하기 때문에 각각 다른 안내 멘트를 설정한다. 또한 필자의 경우는 업무용 휴대전화라 할지라도 3개의 사업장 중 어디에서 전화가 올지 모르기 때문에 "감사합니다."라는 인사로 전화를 받는다. "여보세요?"보다 훨씬 부드럽고, 따뜻한 첫 마디로 시작하는 것이다. 그리고 나면 손님이 통화하면서 목적을 찾는다. 어떤 업장에 전화했는지 알게 된다. 필자는 여러 사업장을 운영하기에 예외로 두고, 여러분이 중개업만을 한다면 "감사합니다, A 부동산입니다."라는 멘트로 시작하길 권한다. 유선전화는 연결이 안 될 경우 시간을 설정하여 자동으로 휴대전화로 넘어가는 서비스를 설정하자. 중개업 특성상 외부에, 현장에 나갈 경우가 많기 때문에 전화를 안 받는 것보다는 전화를 우선 받고 "조금 있다 전화 회신을 하겠습니다"라고 하는 것이 좋다.

다음으로, 한 번에 통화가 연결됐을 때를 가정하자. 유선 전화기의 경우 발신자의 전화번호가 뜰 수 있는 기본 서비스를 설정하여, 통화 후 해당 휴대전화로 명함을 반드시 남기자. 필자는 명함을 남기면서 "감사합니다."라고 보낸다. 혹은 특이사항이 있다면 해당 내용을 함께 적는다. 예를 들면, "감사합니다. x억대 아파트 전세 찾는 대로 연락드릴게요."라는 식이다. 이렇게 하면 많은 전화를 받더라도, 문자에 내역이 남고 문자 메시지 검색 시 'x억', 또는 '아파트 전세'를 검색하면 시간을 최신순으로 최근에 보낸 목록의 고객 전화번호가 뜬다. 누가 누구인지 헷갈리는 순간이 굉장히 많을 것이다. 처음 통화하는 고객이 많고, 연락처를 저장하지 않은 경우가 대부분일 것이므로 번호를 기억하기란 쉽지 않기 때문에, 이와 같은 습관을 들이면 추후 찾기 편하다.

다음으로, 통화 후 사무소에 대한 설명 문구, 위치가 자동으로 발송되는 서비스를 이용할 수도 있다. 이는 필자와 친한 중개사무소 몇 대표들이 하는 방법이다. 필자는 사용하지 않는다. 이유는, 통화가 끝날 때마다 자동으로 해당 문자가 오기 때문에 여러 번 통화 시에는 그 문자를 계속 받게 되어 피로함을 주고 스팸문자와 같은 느낌을 준다. 따라서 이는 선택적으로 활용하길 권한다.

이제, 전화 통화를 한 손님을 사무실로 오게 하는 방법을 알아보자. 필자는 몇 마디를 나누어보면 소위 '빼꼼이'인지, '뜨내기'인지,

'간보는 이'인지 대략 알 수 있다. 필자가 능숙해서가 아니라, 통화를 해보면 느낌이 올 것이다. 실수요자고 고객의 태도가 차분하고 노쇼(No-Show)를 할 것 같지 않은 느낌이 든다면, 가급적 사무실로 오게 하여 만나는 것이 중요하다. 조금만 더, 조금만 더 자세하게 물어보고 들어보는 것이다. 실제로 고객에게 관심을 가지면, 대부분 이러한 대답을 한다. "되게 꼼꼼하게, 친절하게 알아봐 주시네요. 내일 몇 시쯤 방문하면 좋을까요?"라고 말이다. 실제로 필자도 이렇게 하여 정말 많은 손님과 만났다. 다른 경우로, 찾는 매물이 있다면 유사한 조건을 함께 물어보자. 그리고 범위와 폭을 넓혀 더 많은 매물을 볼 수 있는 가능성이 있다고 어필하는 것이다. 친절은 기본이되, 관심을 갖고 디테일한 부분을 짚어 물어보자. "주차 1대를 하신다고 했는데, 주차비를 포함하여 관리비 어느 정도까지 보시나요?", "업장에서 사용하셔야 하는 차량 대수가 1대세요? 수시로 오가셔야 하는 상황이면 주차가 편하신 자리를 가장 선호하실까요?"라는 식으로 자세히 물어 고객의 실수요 부분을 찾아주고, 이끌어내는 것이다.

손님이 방문할 경우

로드로 첫 대면을 하거나, 전화 통화로 손님을 방문하게 했다면 가장 첫 번째는 앞서 언급한 대로 일어서서 친절히 맞이하자. 간단한 의전 형태의 손짓으로 자리를 안내하자. 마실 것 또는 먹을 수 있는 다과 종류를 간단히 나열하고, 편안하게 숨을 고를 수 있도록 해준다. 그 후, 필자가 반드시 준비하는 것이 있다. 바로 펜과 상담 일지다. 필자가 만든 상담 일지를 클립에 끼워 펜을 들고 '들을 준비가 되었다.'는 것을 알려준다. 마주 보고 간단히 아이스브레이킹을 한다. "오늘 날씨가 정말 덥죠? 오시느라 고생하셨어요. 열심히 오셨는데 좋은 매물을 찾아드려야 할 텐데요!"와 같은 식으로 말이다. 다음으로, 권리이전의뢰인인지, 권리취득의뢰인인지로 시작하여 목적물을 의뢰하는 것인가, 얻는 것인가를 보는 것이다. 다음으로 세분화해 나가면서 가지치기를 하면 된다. 매매인지, 전세 또는 월세를 묻는다. 금액, 찾는 지역(구체적으로), 현재 살고 있는집 만기가 됐는지, 몇 평, 방 몇 개, 마음에 드는집이 있으면 계약을 할 수 있는지, 이사 시기 언제 계획 중인지, 자금 계획이 어떻게 되는지, 주차 여부와 몇 명이 거주할 것인지 등등 물어보며 적어나간다. 필자가 만든 고객상담 일지에 이러한 형식별 문의를 할 수 있도록 카테고리를 적어두었기 때문에, 쉽게 적어나가며 경청하는 태도를 줌과 동시에 전문적인 이미지를 함께 확보해나갈 수 있다.

성공키트 ⑤
고객상담 일지

보여줄 수 있는 매물이 바로 있다면 움직이고, 아니라면 시간을 조금 두고 매물을 준비한다. 방문 약속을 잡아둔 상태라면 매물을 약속하고 시간에 맞춰 꼭 올 수 있도록 경각심을 주어야 한다. 그렇게 임장을 하게 된다면, 다음으로 욕을 먹지 않고 차별성을 둘 수 있는 또 한 가지의 방법이 있다. 매물을 보러 가기 전·후 현재 매물을 점유하고 있는 이(매도인, 임대인, 임차인 등)의 상황을 임장 전에 설명한다. 그리고 목적물을 점유하고 있으며 우리에게 문을 열어주어야 할, 협조가 필요한 당사자에게 전화를 미리 걸어 안내한다. 현재 어떤 이가 어떻게 갈 것이라는 등의 정보를 준다. 몇 분 정도에 도착할 것인지도 안내한다.

생각보다 많은 중개업 종사자들이 '무작정' 들이닥치는 경우가 있어 거주하는 이들의 인상을 찌푸리는 경우를 많이 봤다. 매도인 또는 임대인이나 거주 중인 임차인이 자리를 비워 비밀번호를 준 상태라면, 사전에 문자를 보내고 최초 매물을 보러 갔을 때의 상태로 원상복구 시켜두고 나온다. 그리고 문자를 보내어 "잘 보고 나왔습니다. 감사합니다."라는 인사를 표한다. 마음에 들어 한다면 보고 나서 손님이 어떤 반응을 보였으며 다시 연락을 하겠다는 내용을 함께 남긴다. 즉, 궁금해하지 않도록 피드백을 주는 것이다. 위의 내용이 실제로 행동하면 어려운 일이 아님에도 많은 이들이 못한다. 그 부분에서 해당 건에 대해 여러 연관된 이들로부터 믿음을 살 수 있는 것이다. 해당 거래 건에서 누구 한 명이 협조를 안 하면 일이 다 틀어지는 경우가 많다. 모두가 협조해야 일이 잘 돌아가는 경우가 많은 게 부동산 거래다. 임차인에게도 '나갈 사람'이라는 생각에 소홀히 대하는 경우가 많은데, 현재 임차인이 거주 중이라면 그 집은 현재 '임차인의 집'이다. 자신의 집을 보여주고 협조한 이에게 고맙다는 인사를 하자. 생각보다 이런 부분에 많이 데여서 집 보는 데 협조를 안 하는 임차인도 많다.

매물을 볼 때마다 고객에게 솔직한 피드백과 어땠는지 의견을 묻는다. 여러 개를 본 경우 마음속의 선호도도 물어본다. 당일 본 매물들이 마음에 들지 않으면 어떤 점을 더 보완해서 매물을 보았으면 좋겠는지 묻는다. 어떻게든, 더욱더 관심을 갖고 에너지를 쓰는 모습을 보여주는 것이다. 다만, 너무 절실하거나 너무 애달파 하는 모습을 보여주는 것은 금물이다. 필자는 "이거만 한 게 없어요. 이거 하세요.", "요즘 이런 거 없어요."라는 말은 하지 않는다. 반대로, 이렇게 말한다. "저는 이거 하시라고, 저거 하시라고 말씀드리지 않아요. 하라고 해도 고객님이 마음에 안 드시면 안 하는 거니까요. 다만, 절대 하면 안 되는 매물은 제가 먼저 말씀드릴게요."라고 말이다. 영업을 위해서 입발린 소리를 한 게 아니라, 정말 진심이었다. 그 말을 처음 했던 손님이 아직도 기억난다.

"사장님이 그렇게 말씀하시니까 제가 더 감사하고 마음이 편해요. 저 오늘 본 집 중에 N번째 매물로 할게요!"

기억하자. 억지로 끌고 간다고 끌려오는 것이 고객이 아니다. 고객을 자연스럽게, 편안하게 선택할 수 있도록 이끌고 대신 나침반 역할을 해주면서 응대하는 것이다. 한 번 해보자. 안 돼도 후회 없지 않는가. 미련 없이 최선을 다했다면!

▌장담컨대, 이것만 해도 상위 5% 안에 든다.

많은 중개사무소에 들어가 보자. 대부분 공통적으로 '앉아서' 쳐다볼 것이다. 필자는 개업 전, 개업 후에도 많은 중개사무소에 들어가면서 이 부분에서 생각보다 많이 놀랐다. 엄연히 영업직이자, 서비스직임에도, 손님이 늘 붐비는 업종이 아님에도 손님이 문을 열고 들어왔는데 일어나지 않는 모습에 말이다. 원래 앉아서 응대하는 업종이라면 그러려니 할 수 있다고 생각한다. 다만, 손님 한 명씩의 가치가 큰 중개업에서, 한 명씩 손님이 들어가는 경우가 일반적인 중개업에서 이는 신선한 충격이었다.

아직도 기억에 선명히 남는 이들은, 방문 시에 직접 일어나서 맞이해주는 중개사무소의 대표들이었다. 100군데 중 5군데도 그렇게 하지 않았기에, 선명히 남는 것이다. 실제로 그렇게 인사를 차분하고 예의 바르게 해주는 이들은, 확률적으로 일도 잘했다. 처음에는 이런 생각도 해보았다. '아직 필자가 젊은 30대라 그런가?'라는 생각 말이다. 하지만, 연세가 지긋한 어르신들이 들어갈 때에도 별반 다르지 않았다. 그것은 결국 나이, 성별을 불문한 그 중개사무소의 인사 태도인 것이다. 필자가 7년간 경험해 본 결과, 일어나서 차분히 인사하고 반갑게 손님을 맞아주는 중개사무소 중 아직까지 현업에서 계약을 못 하거나 자리를 못 잡거나, 소문이 안 좋은 중개사무소는 한곳도 못 봤다.

앞서 언급한 대로, 계약 중이거나 다른 손님 응대 중인 경우가 아니라면 반드시 일어나서 인사하자. 고객을 반갑게 마주 보고 인사하자. 필자는 키가 크고 체격이 크기 때문에 가급적 위화감을 조성하지 않기 위해 다리를 벌리고 손을 모으고 응대한다. 무례한 이들에게도 그렇게 하라는 것은 아니다. 일반적인 경우에, 정상적인 상황에 반드시 그렇게 하라는 것이다. 짧고 굵은 내용이지만, 장담컨대 이렇게만 해도 상위 5% 안에 드는 중개사무소가 될 것이다. 잊지 말자. 점이 모여 선이 된다는 것을.

2
생존 전략 : 개업 후 첫 30일

30일이라는 숫자가 의미가 있어서 둔 것은 아니다. 다만, 개업 후 1개월. 열심히 기초적인 부분을 잘 다져두고 손님을 많이 응대하는 스킬을 연마하는 시간을 가져보자는 것이다. 첫 한 달이 여러분의 중개업 정체성을 판가름할 수도 있다. 백지에서 직접 체화할 때 그 습득 속도와 습관이 되는 속도가 매우 빠르다. 기존에 안 좋은 습관이 몸에 밴 경우 이를 고치기가 더 어렵듯, 좋은 습관과 태도는 물론이거니와 손님을 많이 경험해야 한다. 앞서 언급한 대로, 중개업은 오픈빨이 없다. 대신, 중개업은 시간이 지날수록 농익는 직업이다. 거짓말로 유린하는 능구렁이가 될지, 실전에 능하고 유한 베테랑이 될지는 초반에 어떻게 손님을 대하고 기초를 닦느냐에 따라 달렸다. 많이 경험하고, 많이 배우자. 많이 깨지고 부딪쳐야 하는 시기다. 기억하자. 누구나 처음은 있다. 어떤 고수도 처음이 있다. 고수의 길로 가는 초입 길일 뿐이다. 지금 이렇게 많은 이들 앞에 서서 강의를 하고, 책으로서 실무 내용을 전달하는 필자 역시 처음엔 말도 못 할 정도로 무지하고 또 모자랐다.

 탄탄한 하드웨어 구축하기

　중개업 초반, 탄탄한 하드웨어를 만들어두어야 롱 런(Long-run) 할 수 있다. 기본적으로 스펙을 컴퓨터의 용어로서 하드웨어, 소프트웨어로 나눈다. 하드웨어는 기본적으로 장착하는 사양적인 부분, 소프트웨어는 이를 보완해 주는 부속품, 부속 재료 등을 말한다. 하드웨어는 정말 기본기다. 탄탄한 기본과 체계화를 바탕으로 소프트웨어를 업그레이드해 나간다는, 뼈대를 만들고 살을 붙여나간다고 보면 된다. 여러분이 열심히 하여 합격했던 이 공부도, 개업 과정과 개업 후 실무를 할 때에도 모두 마찬가지로 이루어진다고 보시면 될 것이다. 단단한 하드웨어를 만들어두어야 한다. 뿌리가 깊어야 사상누각을 면한다. 기억하자. 처음부터 개판으로 배워두면 어디서도 인정받지 못하고 오래 가지 못한다. 그런 이들을 많이 봤다. 특히, 중개보조원들이 그런 경우가 많고 그로 인해 물을 흐리고 욕을 먹는 경우가 매우 많다. 개업공인중개사가 괜히 1인당 5명까지만 보조원을 채용하는 제도를 신설하여 엄격한 제재를 가하고 있는지, 명심하자. 필자가 개업 후 초반에, 아무의 도움도 없이, 아무런 경험도 없이 맨땅에 헤딩하며 바로 개업해 보고서야 알았던 무지했던 사항들을 나열한다. 아래 사항들을 메모하도록 권한다.

메모 권장 사항

- 고객 DB 확보 방법
- 매물 확보 방법과 관계를 지속하는 방법
- 계약서 다양하게 써보기 연습과 특약의 설정
- 본인만의 유용한 서식들 확보하기
- 손님들 성향, 니즈를 빨리 파악하기
- 상담 방식 - 상담 일지를 만들어 메모하며 상담
- 고객에게 접근하는 방식과 매물 광고의 방식, 나만의 키워드
- 동종, 타업종 전문직과의 제휴, MGM 또는 소개수수료의 제도
- 시간을 줄여주는 방법 - 나만의 루틴, 즐겨찾기 설정, 믿을 만한 친한 중개사무소 확보하기(내가 동행하지 못하고 손님만 보내도 괜찮은 곳들을 말한다), 공과금, 관리비 등 정산 방법 및 연락처 파악하여 빠르게 정산하기.

무엇보다, 중개업 종사자들끼리만 알 수 있는 기본적인 상도덕을 익히자. 그리고, 중개 일기를 쓰라고 권한다.

위 메모 사항들은 정형화되어있지는 않다. 앞서 언급한 부분도 있고, 뒤에 다룰 부분도 있다. 이 부분들은 암암리에 진행하거나 본인들만의 영업 방식들이 다양하게 녹아있는 부분이고 다른 중개사무소라면 절대 이러한 부분을 노출하지 않을 것이다. 그래서 더더욱 베일에 싸여 있고 직접 부딪쳐봐야 느낄 수 있다. 뒤에 영업 스킬 부분에서 필요한 부분들을 공개하도록 한다. 계약서에 대한 부분, 고급 실무 Q&A 부분과 특약의 모음은 본서에서는 다루지 않고, 심화서인 『중개고수 비밀노트』에 농축하여 담았음을 밝힌다. 지금은 위에 설명한 키워드들을 잘 메모해두고 고민하자. 저 워딩들만 기억해두고 고민해도, 충분히 빠른 성장을 할 수 있다.

첫 손님, 첫 계약까지

2019년 3월 1일, 개업을 했다. 그리고 약 17일 후, 2019년 3월 18일에 서울대입구의 오피스텔로 첫 계약을 했다. 당시 금전적으로 여유가 없어 개업 준비를 하며 지출한 비용을 메꾸느라 아르바이트 1개를 단기간 겸했던 기억이 생생하다(여러분은 필자처럼 금과 같은 개업 초기에 다른 데에 에너지를 쓰지 않길 바란다). 개업 초반엔 소위 '잃을 것도, 무서울 것도 없는' 시기다. 그때 공격적으로, 진취적으로 마음껏 움직이고 시도하고 실수해도 된다. 당시 계약 후 약 2주 후로 잔금이 4월 2일이었는데, 필자는 언급했듯 잔금일에 중개 보수를 받는 스타일이라 개업 후 약 1달 만에, 첫 중개 보수를 받았다. 메모장에 메모된 기록을 보았다. 15만 원. 당시 오피스텔 주거용 임대차 요율은 0.4%로서 지금과 동일했고 보증금 1,000만 원, 월차임 45만 원이었기에 22만 원이 중개보수였지만, 15만 원을 수령했다. 첫 계약이자 동생 지인 할인이었기 때문이다. 15만 원 중 10만 원은 어머니께 드렸다. 3만 원은 동생에게 고맙다고 용돈을 주었고, 2만 원 중 만 원은 계약 손님에게 휴지 선물을 사다 주었다. 만 원 한 장 남았던 첫 계약이다. 당시의 내가 정말 그랬었나 싶을 정도로 신기하다. 지금 생각해 보면 움직이지도 않았을, 정말 저렴한 금액의 보수를 받고도 첫 중개 보수라 정말 짜릿하고 기뻤던 기억이 생생하다. 초심을 잃는 것이 아니라, 성장함에 따라 케케묵은 시절의 눈높이를 바꿔나가는 것뿐이다. 처음 시작하는 여러분은 초심을 굳게 다지는 시기다. 누구나 처음은 있다. 그리고, 그 뒤에 성장할지, 양아치로 변할지는 여러분이 마음먹고 움직이고 배우는 방향에 따라 달라지는 것이다.

앞서 첫 계약 손님을 언급한 이유는, 내 첫 계약이 지금도 생생하듯 여러분에게 중개로서 첫 경험을 할 수 있도록 아무것도 모르는 여러분을 선택해 준 이에게 고마움을 표시하자는 것이다. 여러분만의 세레머니로, 여러분만의 기억을 아름답게 남기자는 것이다. 필자는 가끔 중개업에 회의감이 오거나 너무 일이 힘들 때, 손님이 너무 많을 때 첫 계약 때의 생각을 한다. 처음 만난 손님, 아무것도 모르고 집만 보여주러 갔던 당시의 필자 모습을 생각하면 웃음도 나오고 지금의 삶에 새삼 감사하게 되는 때가 많다.

작년 여름 무렵, 행정사 공부를 하면서 다른 일들을 겸업하면서 중개를 열심히 한 덕에 월수입이 평균 천만 원 이상을 기본적으로 넘었다. 그때 너무 힘들고 덥고 스트레스가 가득했지만, 그때도 첫 계약을 떠올려본 기억이 난다. 첫 손님, 첫 계약의 기쁨을 잊지 말자. 그리고, 첫 계약을 해 준 고마운 내 고객에게 혜택을 주자. 보수를 저렴하게 받아도 좋고, 보수를 다 받고 선물이나 한 끼 식사를 대접해 보자. 첫 손님과 연락을 유지하면 좋지만, 연락을 유지하라는 의미는 아니다. 시간이 흘러 지금 내 옆에 없다면, 모두 다 추억의 인물이 될 뿐이다. 추억을 곱씹으며 살아가라는 의미는 아니다.

이번 소 목차의 내용은, 첫 손님에게 집중해 보고 그만큼 첫 손님에게 감사하는 마음을 가져보라는 의미다. 물론, 큰 계약을 하게 되면 더더욱 중요한(?) 손님일 것이니 관계를 유지하도록 노력해 보는 것도 좋다. 뭐가 됐든, 첫 손님과의 일이 잘 끝나면 꼭, 말해보자. '나의 첫 계약 손님이 되어주어 고맙다'고 말이다.

처음부터 상담료를 받을 생각은 아니겠죠?

개업 초창기, 손님을 많이 만나보는 것이 중요하다고 강조하였다. 연습과 실전은 다르다. 필자가 개업 초반 정말 재미있게 봤던 인터넷의 글 중 한 가지가 아직도 기억난다. 개업 후 아무것도 모를 때, 손님이 방문하는 것이 두려워 손님이 오면 책상 아래 숨어 없는 척을 했다는 글이다. 한편으로는 그 마음이 이해가 갈 정도로 처음에 손님을 어떻게 응대 해야 할지, 어떻게 해야 할지 감이 오지 않았다. 그렇기에 더 많은 손님을 만나고 부딪쳐봐야 한다고 마음을 먹었다. 그럴 때 가장 좋은 방법 중 한 가지는, 손님을 계약으로만 마주하는 것이 아니라 공인중개사로서, 전문자격사를 취득한 부동산 전문가로서 상담을 해주는 것이다. 생각보다 부동산 관련 문의를 많이 한다. 주변 개발 호재, 본인의 계획 등을 논의하고자 하는 이가 많다. 처음 개업 시 이런 손님들이 방문한다면, 이런 손님들은 '새로 생긴 중개사무소네. 저기 잘 하는지 한 번 얼굴 봐야겠다.'라고 생각할 확률이 높다. 대부분 여러 군데에서 거래를 해보았거나 중개사무소에 발걸음을 들이는 것이 어렵지 않은 이들이다. 중개 스킬은 부족하더라도, 손님과 직접 대면하고 이야기를 나누면서 소소한 상담이라도 해주게 되면 손님이 매물을 한두 개 의뢰해 주고 떠날 수도 있다.

매물은 생각보다 다양한 경로로 받을 수 있다. 필자는 현재 너무 많은 문의가 폭증하여 개인적으로 시간을 내서 상담을 하기 어려운 상황이다. 그렇기에 유료로 전환하여 시간을 매칭하고 그 손님들에게만 따로 상담을 한다. 혹은 시간 약속을 미리 잡고 대면 상담을 통해 컨설팅을 한다. 그리고 대가는 확실히, 시간의 가치에 대해 인정받고 진행한다. 여러분도 진짜 전문가가 된다면, 그렇게 하면 된다. 수요가 증가하지만 공급은 한정적일 때, 당연히 수요 공급 그래프상 가격은 올라간다. 그게 여러분이 앞으로 할 일이다. 그에 앞서, 처음에 개업공인중개사가 되면 동네 손님들의 얼굴을 익히고, 동네 사랑방처럼 만들어주어야 한다. 간단한 팩스 업무, 길 안내 등 도움이 될 만한 부분들은 도움을 주면서 꼭 다시 찾아주었으면 한다는 맺음말로 손님을 배웅한다. 생각보다 동네에서 소문은 금방 나게 되어있다. 그런 서비스와 더불어, 처음에 많은 고객들을 무료 상담하자. 앞서 언급한 상담 일지를 통해서도 괜찮고, 컨설팅 양식을 따로 구비하여 모아두어도 된다. 모두 다 고객의 자료와 정보로 활용될 것이다. 다만, 처음부터 상담료를 받지 말자. 타 전문 자격사를 함께 운영하면서 정말 고품질의 지식 서비스를 제공하는 것이 아닌 그냥 중개사무소만 개업한 경우 초반에 상담료를 청구하면 손님은 거부반응이 올 것이다. 실제로 상담료를 받고 상담하는 중개사무소는 거의 없다. 그만큼 가치를 인정받고 상담료가 있음에도 가치를 기꺼이 지불할 정도로 만들어야 한다.

그 첫 단계는, 다름 아닌 손님이 여러분을 찾게끔 만드는 발판들을 만드는 것이다. 동네 사랑방처럼, 복과 덕을 주는 복덕방처럼 여러분도 개업 초반에는 친절히, 성실히 상담하고 또 공부하자. 이런 고객 유형은 이런 경우도 있음을 알고, 이런 성격의 고객은 이렇게 응대하면 좋다는 부분을 스스로 깨쳐나가는 것이다. 이는 절대 책으로, 글로 배울 수 없다. 마케팅 수단으로서 '개업 첫 한 달 무료 상담 서비스'라는 문구로 홍보해도 좋다. 다만, 고객의 질문 수준을 모르므로 이런 경우에는 미리 질문을 받아 그에 따른 자료 또는 지식을 준비하고 공부하면 여러분 자신이 성장해나가게 될 것이다. 강의를 하면서 느낀 점이 하나 있다. 가르쳐 주려고 공부할 때 훨씬 많이, 더 적극적으로 공부하게 된다는 것이다. 수동적이 아닌 능동적인 형태로 공부를 한다. 상담을 많이 해보고 초반부터 많은 손님을 만나보라는 이유 중 하나다. 기억하자. 처음에는 상담료를 받지 말고, 여러분을 알리자. 실제로 필자도, 초반에 상담을 많이 했다.

만족을 한 손님은 다른 손님을 소개한다. 그리고 상담한 손님은 필자에게 매물을 의뢰하고, 유대가 쌓인 경우 단독으로 매물을 의뢰하고 반드시 필자와 거래하고 싶어 했다. 그리고, 단독으로 매물을 꽉 잡게 되어 좋은 매물인 경우 별 스트레스 없이 중개 계약을 체결한 경우도 많다.

공부해서 남주는 것은 없다. 말을 하는 기술도, 응대하는 기술도 함께 키울 수 있다. 다만, 처음에는 상담료를 받지 말자. 고마움을 아는 이라면 반드시 돌아올 것이다. 돈으로 살 수 없는 것들이 있다. 초반부에 이런 경험들과 내공들은 살 수 없다. 한 번 해보자. 그리고 동네 사랑방이 되어 단골을 많이 만들자. 나중에는 이런 질문을 많이 받게 될 것이다. "오늘 상담하려고 하면 몇 시쯤 괜찮을까요?"

몰래 혼자만 Level-Up

소수만 아는 프로 중개사의 비밀

1년 안에 자리 잡고 성장하는 방법

경쟁에서 이기는 디테일, TOP SECRET 공개

1
'소공'에게 알려주지 않는 성공의 법칙

"1년 동안 소공으로 있었는데, 배운 게 없어요."
"대표님이 알려주시는 게 없어요."
"저희 사장님한테 여쭤봐도 알려주시질 않아요."

정말 많은 소공들에게 들었던 그들의 애환이다. 물론, 개공 입장도 충분히 이해한다. 필자가 개공이기에 더더욱 말이다. 어차피 소공은 나갈 사람이라는 인식이 크다. 소공의 대다수가 처음에 '배우는 과정 중 하나'로 취업을 하는 경우가 많기 때문인데, 개공은 그 과정을 이미 겪은 사람들이라 마음을 더 잘 안다.

개공이 소공에게 노하우를 잘 알려주지 않는 것은, 안 좋은 사례를 본 적이 많기 때문일 것이다. 바로 근처에 개업을 해서 정말 배신의 정석을 보여주는 경우, 고객 리스트를 모두 빼가서 근처 다른 곳에 취업하는 경우 등 별의별 꼴을 다 보기 마련이다. 그렇다 보니 처음 반년 이상은 제대로 알려주는 게 없는 곳도 있다. 안 좋게 퇴사한 경우에는 같은 구 안에서 취업과 창업이 일정 기간 동안 어렵도록 주변 다른 중개사무소에 안 좋은 소문을 내기도 한다.. 양측 모두 이해하는 바이다. 본서는 모두에게 열려있는 책이므로, 솔직 담백하게 영업 비밀 몇 가지를 알려주고자 한다. 필자가 직접 몸으로 체득하며 실제 큰 성과를 보고 있는 방법들 중 일부이므로, 자신 있게 따라해 봐도 된다고 말해주고 싶다.

발로 뛰는 영업, 물론 좋다. 중요하다. 하지만 필자의 스타일은 1명의 손님을 만나게 되면 그 손님을 '진짜 내 고객'으로 만드는 것에 더 중점을 둔다. 여러 명에게 가지치기, 씨 뿌리기를 하는 것보다 한 명의 손님(대신 확실한 이에게만)에게 더 집중하는 전략을 쓴다. 이는 필자가 N잡러여서이기도 하지만 계약으로 결과를 내는 중개업 특성상 10명의 손님을 만나고 각각 1곳씩 10곳을 힘들게 돌아다니는 노고보다, 1명의 손님을 만나 1명과 꾸준히 10개를 보고 계약을 확정 짓는 게 더 성과와 수입이 좋았기 때문이다. 선택과 집중하는 전략을 사용했다는 것이다. 정말 프로 중의 프로로 거듭나기 위해서는 사람의 마음을 읽고, 사람의 마음을 얻어야 한다.

필자가 저서 『맨땅에 헤딩, 나의 중개 일기』에도 적었듯, 사람을 남기는 중개사가 되자는 것이 목표였다. 오고 가는 손님이 많아 양으로 승부할 수 없다면, 단골들만 아는 동네 맛집이 되는 것도 성공의 지름길이다. 물론, 손님이 많고 계약이 많다면 별 걱정이 없을 것이다. 다만, 그런 중개사무소는 어려운 경기 상황 때문인지 요즘 많지 않다. 감사하게도 손님이 계속 찾는 공인중개사가 되었다. 덕분에 필자가 7년 동안 열심히 벌기도 했지만, 내 집 마련도 하고, 많고 많던 대출금도 거의 다 갚아나갈 수 있게 되었다. 이런 중개업에 함께 하게 된 동지들에게 비법이라면 비법일 수 있는 영업 스킬 몇 가지를 나눠본다.

'마음속' 전속중개를 만드는 고객 관계의 기술

실제 '전속중개'라는 용어는 법적으로 엄연히 계약서를 작성해야 하고, 계약서의 보존 의무 기간과 정보 공개 의무도 있다.

> **제23조(전속중개계약)** ① 중개의뢰인은 중개대상물의 중개를 의뢰하는 경우 특정한 개업공인중개사를 정하여 그 개업공인중개사에 한정하여 해당 중개대상물을 중개하도록 하는 계약(이하 "전속중개계약"이라 한다)을 체결할 수 있다. 〈개정 2014. 1. 28., 2020. 6. 9.〉

법적으로는 전속중개 시 의무가 있지만, 실무상의 전속은 암암리에 '믿음'으로 가고 서면의 계약 없이 해당 중개사무소에만 맡기는 방식으로 이루어진다. 물론, 강남이나 대형 건물, 빌딩 등 고가의 중개대상물은 전속중개 계약을 체결하고 작성, 보관하기도 한다. 본서에서는 일반적인 동네의 중개사무소에서의 전속중개를 말하는 것이다. 실제로 전속중개 계약서를 작성하자고 하면, 동네의 일반적인 손님들은 거부감을 보이거나 괜히 경계하는 경우가 많다. 따라서, '마음속' 전속중개를 만들어 정말 믿음 하나로 중개사무소는 본인에게만 의뢰할 수 있도록 하는 방법을 말하는 것이다.

일반적인 상식으로 "잘 아는 사이면 당연히 아는 중개사무소에만 맡기는 거 아냐?"라고 할 테지만, 실상은 그렇지 않다. 실제로 잘 아는 지인 공인중개사가 있어도 여러 곳에 내놓거나 구하는 이들도 많다. 심지어 같은 건물, 옆 건물인데도 다른 중개사무소에서 들락날락하는 경우를 보기도 하는데 괜스레 기분이 불쾌하다. 반면에 중개를 하며 처음 만났거나 전화로만 통화한 사이임에도 필자에게만 신뢰를 주고 맡기는 경우도 많다. 결론적으로 이는 '긴급성'과 '고객 성향'에 따라 많이 바뀔 수 있는 부분이지만, 아무리 급하게 빼야 하는 상황이거나 공실이 오래 되어가고 있는 매물이라도 필자에게만 끝까지 의리를 지켜주는 이들이 있다. 그런 이들은 당연히, 필자의 급부가 있었기에 그러한 반대급부가 있었을 것이라 확신한다. 그것은 바로 '끊임없는 서비스'에 있다.

건물 전체를 필자에게만 무조건 의뢰하는 임대인이 있다. 그가 고민하는 그의 재산에 관한 부분(세무, 증여, 법률적인 지식, 투자 등)에 관하여 동네 사랑방처럼 틈틈이 사무실에 내방하도록 하여 상담 시간을 갖는다. 관심을 갖고 신뢰를 얻는다. 그리고 중개업의 룰에 대해 설명하며 "저에게만 맡겨주시면 제가 욕심부리지 않고 타 중개사무소와 함께 진행할게요. 대신 다른 중개사무소에서 연락이 오면 맡긴 곳이 있다고 해주시고, 제 번호를 주시면 됩니다."라고 한다. 실제로 매물 컨디션이 좋거나 인기가 많은 중개대상물의 경우, 임대인이 한 동네에 오래 살았거나 다른 중개사무소에 이전 거래 경험이 있다면 무지막지하게 전화가 온다. 주로 동네의 광고를 보고 호시탐탐 매물을 노려 해당 집주인을 찾아내는 방식이다. 신뢰와 신의를 가득 담고 있는 이에게는(정말 비도덕한 이가 아니라면) 배신하지 못한다. 그럴 이었다면 어차피 떠나가도 되는 사람이기에 미련 가질 것도 없다. 개인적으로 음료도 사 가고, 커피 한 잔 사면서 전화를 걸어 "음료 뭐 드세요? 저 커피 사러 왔는데 사장님(혹은 사모님)것도 사 드리고 가려고요." 등 센스 있는 명분으로 전화를 한다. 그러면서 집도 한 번 찾아가고, 둘러보고, 사담도 나누면서 정을 붙이면 된다. 가식을 가득 품고 전략적이고 계산적으로 인간관계를 맺으라는 것은 아니다. 필자가 본서에서 강조하는 성공의 법칙은, 기본이 '진실과 성실'이다. 사실 그것만 지키면 중개업의 이미지가 안 좋고 대부분 좋은 서비스를 받아보지 못한 일반 대중들은 정말 다르다고 느낄 것이다. 그렇게 거래를 완료하면, 신뢰와 신의는 더욱 두터워진다.

다만, 유의할 점은 그 관계를 이용하여 결국 중개 보수를 지불할 때 정말 한없이 깎는 이들이 있다. 무례할 정도로 말이다. 그런 경우라면 다음부터는 선을 두는 것이 좋다. 자신의 노고를 치하하고 일한 값어치를 인정해 주는 이가, 된 사람이다.

　다만, 중개의 과정에서 매물을 안내하거나 특이사항이 생기거나 손님이 문의가 있을 때 등 모든 상황에 있어 본인에게만 의뢰를 해 준 손님에게는 자주 전화를 주어야 한다. 혼자 여러 번 매물을 보여주고 아직 성과가 없는 경우가 생각보다 많은데, 그럴 때 한 번도 본인에게만 맡겨준 의뢰인에게 연락을 하지 않으면 그는 당신이 몇 번을 왔다 갔다 했는지, 얼마나 노력했는지 알지 못한다. 결과로 승부하는 직업일지라도, 중간 과정이 그만큼 노력과 정성을 하고 있다는 부분을 보여야 한다.

　물방울도 바위를 뚫을 수 있고, 작은 돌멩이가 쌓여 암석이 될 수도 있다. 과정이 모여 결과를 만든다. 결과가 늦어지거나 안되겠다 싶을 땐, 그때 다른 방안을 제시해주어도 된다. 마음속의 전속 계약은 신뢰도, 감사함도, 의리도 '믿고 더블로 가!'는 것이다. 본서에는 분량상 다루지 못한 노하우지만, 잔금 시 꼭 계약 규모에 맞게 감사 선물을 준비하자. 감동 역시 '더블로!' 오게 될 것이다.

1명의 진짜 손님, 10명의 손님을 데려오는 추천의 법칙

　앞서 언급한 대로, 필자는 손님의 숫자로 승부하지 않는다. 그만큼 좋은 위치에 입지하지 않았지만 대신 정말 '질'은 누구에게도 뒤지지 않겠다는 다짐을 했다. 중개의 질이란, 법적 지식을 갖추고 중개사로서 의뢰인이 원하는 바를 최대한 맞춰주고 상대방과 협의점을 이끌어주는 것이다. 그리고 중간에 검토할 부분과 잔금 시 마무리까지 확실하게 해주는 것이다. 물론, 계약서의 특약을 잘 쓰는 것은 고객의 재산과 권리를 지키는 중요한 포인트이다. 잔금 후 센스를 발휘하여 이에 걸맞은 소정의 선물을 주게 된다면 감동의 감동을 일으킨다.

　필자의 고객 대장에 정리한 내용을 한 번 쭉 보았다. 7년 차, 잠깐 통화하고 말았던 이들은 아마 수천 명에 달할 것이다. 고객 대장에 직접 적은 이들은, 관계가 이어지거나 며칠 이상 연락이 되었거나 실제 계약을 한 이들만 기재했음에도 500명 이상을 메모했다. 이 중에서도 절반 이상은 연락이 되고, 이 중 많은 비율의 손님들이 다시 오고 또다시 중개대상물을 의뢰한다. 그리고 가장 성공률이 높은 손님들 역시, 단골손님을 제외하면 '소개받은 손님'이다.

　마케팅의 법칙이 있다. 1명의 충성고객이 10명의 잠재 고객 효과가 있다는 것. 필자는 조금 다르게도 해석하는데, 1명의 단골 고객이 10명의 뜨내기 고객보다 낫다는 부분이다. 중개업의 특성상, 최종 계약을 체결하여야 '계약 손님'으로서 수익이 발생한다. 실제 1명의 충성 고객의 효과는 실로 엄청나다. 사람이 다 나와 잘 맞을 수 없지만, 일을 하다 보면 본인의 성격이 별나거나 정말 막돼먹거나 무례하지 않다면, 대부분 친절함과 진실함을 기본으로 탑재하면 모두가 좋아하게 되어있다. 그 중에 개인적인 친분이 생기거나, 마음이 가는 이들이 있을 것이다. 사람인 이상 어쩔 수 없다. 그 손님들이 나의 충성 고객이 될 확률이 높다. 그들에게 열과 성을 쏟아보자. 일반적으로 인간은 여러 사람들과 관계를 맺으며 살아가고 또 집은(가장 일반적인 재화로 예를 들었다.) 누구나 구하는 것이기 때문에 반드시 아는 중개사가 있는지 추천을 받게 되어있다. 그럴 때 스스럼없이 소개해 줄 수 있는 사람이 본인이 된다면 어떨까? 끝없는 소개 전화를 받게 될 것이다. 단골손님의 소개가 꼬리의 꼬리를 물고 밀려오는 경험을 하게 될 것이다. 필자가 오랜 시간 경험해오고 있는, 값지고 행복한 경험이다.

  10명의 로드 손님이 보잘것없다는 것은 아니다. 필자의 단골손님이 된 이들 중 로드로 우연히 방문해 인연이 된 손님들도 많다. 인연은 다양하게 열어두어야 한다. 다만, 강조하고 싶은 부분은 1명의 진짜 단골손님을 만드는 데에 집중하라는 것이다. 단골이 약 50명만 되어도, 당신의 중개업은 '안정적으로' 돌아갈 것이다. 그리고 실제로 한 팀 한 팀 중개하고 진행 하다 보면, 얼마나 많은 전화를 하고, 에너지가 쓰이는지 알 것이다. 당신의 에너지를 더욱더 값지게, 단골에게 또는 단골이 될 이에게 쏟아보자. 그 단골이 처음에는 원룸을 구했다가, 나중에는 투룸을 구했다가, 아파트를 구했다가 건물을 사러 올 수도 있다. 아직 건물까지는 이어지지 않았지만, 필자는 앞선 아파트까지는 이미 많이 경험했다. 그리고 그 단골손님들이 소개해 준 손님들과도 이어지는 계약을 많이 했다. 그렇게, 관계란 맺어지고 실수하지 않으면 이어지고 또 점점 단단해지는 것이다. 한 번 계약을 해보며 호흡을 맞춰보면 그 사람의 성향과 성격, 시간과 돈 약속을 잘 지키는지 알게 된다. 괜찮다 싶으면 그 손님에게 먼저 안부 연락도 하고, 필요할 때 도움을 주자. 간단한 지식으로 자문을 구해도 되고, 혼자 밥 먹기 힘들 때 식사를 하자고 불러도 된다. 잊지 말자. 한 명의 단골손님은 10명, 아니 그 이상의 잠재 손님을 불러준다. 그리고 그 단골손님과 함께 본인의 중개 규모도 성장해나가는 것이다. 처음 원룸을 구해주던 이들이 아파트를 구하러 필자에게 오는 것처럼 말이다.

공동중개, 상대를 내 편으로 만드는 상생의 기술

이 부분은 초반에 필자도 정말 애를 많이 먹었던 부분이다. 일반인들이 모르는 중개업 종사자들의 상도덕이 참 많기 때문이다.

뒤통수를 친 적은 없지만, 맞은 적이 있다. 하지만 이 또한 결국엔 다 알아주고, 나쁜 이는 누구에게도 나쁘기 때문에 결국 다른 중개사무소들도 다 안다. 그리고 결국 자멸한다. 손님을 채가거나, 물건을 빼앗는 것이 가장 기본적인 뒤통수 유형이다. 이를 중개용어로 '뒷빡'이라고 한다. 뒷빡을 안 맞아본 중개사는 없을 것이다. 아주 간혹 "없다."라고 하는 대표가 있는데, 본인이 모를 뿐이다. 이미 내가 아는 것만 해도 그가 뒷빡 맞은 게 있는데 없다고 하더라.

중개업은 인간관계와 부동의 재산이 돌고 돌아 계속 이어나가는 업종이기 때문에 굉장히 복잡하게 얽혀있다. 타 중개사무소의 매물을 볼 때 미리 상황을 설명하고 동행하는 것도 기본이다. 공동중개가 체결되어 상대편의 손님과 한자리에서 만나면 가장 자주 요청하는 것이 이것이다. "사장님 명함 하나 주세요." 이럴 때, 무턱대고 명함을 주면 안 된다. 상대편 중개사무소의 손님이기 때문에, 정중히 상황을 설명하고 "xx부동산 대표님 통해 지금처럼 진행하시면 저도 그때 같이 뵐게요."라고 한다. 그럼에도 눈치 없이 계속 달라고 하는 이도 있다. 세상은 넓다. 그럴 경우에는 직설적이고 담백하게 말한다. "중개업 하는 사람들끼리의 룰인데, 제 손님이 아니신데 제가 여기서 명함을 드리고 연락을 하면 xx부동산 대표님이 기분이 안 좋으세요. 나중에 기회 되면 뵙겠습니다."라고 하면 된다. 그렇게 말했을 때 좋아하지 않고 고마워하지 않은 대표는 단 한 번도 본 적이 없다. 공동중개 시에 상대편의 손님, 상대편의 매물의 소유자와 직접 연락하지 않는 것, 이것이 기본이다.

그 후에 시간이 지나 연락처를 찾아 연락을 주거나 방문한다면, 그땐 진행을 하자. 단, 이 부분은 선택이지만 거래했던 상대편 중개사무소에 이야기를 해줄 수도 있다. 연락이 왔는데 진행해도 되겠냐고 말이다. 씁쓸해하지만 마지못해 그러라고 하는 경우가 대부분이다. 물론, 말을 하지 않아도 된다. 내 손님이 되었기 때문에 진행해도 그땐 큰 문제가 없다. 필자는 우리 동네 중개의 경우에는 전화를 하는 편이다. 나중에 오해가 쌓일 수 있기 때문이다.

다음으로는 상도덕이라기보다는 영업을 위하여, 진흙탕 같은 중개업계에서 이미지를 좋게 만드는 방법이다. 동종업계 종사자는 오늘의 적, 내일의 아군이 된다. 시시각각 변하는 것이 중개업계의 종사자끼리의 관계다. '교통'이라고 하는데, 중개사무소가 다른 중개사무소를 소개한다. 본인이 매물을 갖고 있지 않기 때문에, 공동중개 요청을 하려고 전화를 했을 때, "제 물건이 아니라서, xx부동산 xx한테 전화해 보세요. 내가 소개했다고 해도 되고요."라는 말을 하는 경우가 있다. 그럴 때 교통정리(소개) 해준 이에게 감사 인사차 선물을 전달하는 것이다. 물론, 계약이 잘 되고 나서 간단히 인사를 하면 된다. 필자의 경우 중개보수의 크기에 따라 지급한다. 보수가 300만 원짜리 아파트 전세 계약을 했었던 때에는, 약 10만 원 상당의 금일봉과 커피 한 잔을 지급했다. 금액은 매우 주관적인데, 해당 중개사무소가 어느 정도 도움을 줬는지, 고마움을 표시할 만큼의 금액인지는 상황별로 본인이 본능적으로 느낄 수 있을 것이다. 대부분 이렇게 하지 않기 때문에 매우 고마워하고, 그다음부터 길에서 만나면 인사하는 손 올림과 눈빛, 웃음기부터 달라진다. 더 열정적으로 매물을 또 소개해 줄 것이다. 그렇게 키워가는 것이다. 나를 내가 없는 곳에서도 "xx부동산 사장 사람 참 괜찮아~ 싹싹하고 일도 잘하고."라는 말로 주변에 소개하게 될 것이다.

끝으로, 가장 기본적으로 공동중개를 할 때에는 손님의 대략적인 상황(금액, 대출 여부, 대출의 종류, 입주일, 거주 인원, 주차 여부, 엘리베이터 여부 등)은 확인하면서 초반부에 진행해야 헛수고를 안 할 수 있다. 필자 역시 초반에 LH 대출을 받는 손님을 상대편 중개사무소에 LH 대출이라고 소개하지 않고 집을 본 적도, 위반건축물 또는 근린생활시설임을 묻지 못하고 계약일이 되어서야 해당 매물이 그러한 조건임을 알고 계약이 무산된 적도 있다. 돌이켜보면 정말 초보스러운 행동들이었고, 지금도 일어나는 실수가 아닌 '추억'으로 새록새록 남아 다행이라는 생각도 든다. 위에 언급한 사항들 외에도 사소한 부분들이 많지만, 가장 중요한 부분만 언급하였다. 특히, 선물이나 소정의 감사 인사를 하는 부분은 어제의 적을 오늘의 우리 편으로 만드는 기술이다. 꼭 활용해 보자. 상대 부동산이 적은 아니지만 보통 경쟁상대라 생각을 많이 하기 때문에 용어를 강조 해보았다. 실제로는 사람 간의 관계가 전부이다. 도움을 주고 도움을 받는 그런 공생관계가 되면 결국 내게 좋은 결과로 돌아온다.

▎고정 매출 확보의 중요성

물건 관리와 손님 관리 차원으로 나눌 수 있다. 물건이 없어도 손님이 있으면 공동중개로 이뤄낼 수가 있고, 상태가 좋은 물건이면 손님은 어떻게든 여러 부동산 통해서라도 생기게 된다.

원·투룸 고정 수요를 주기적으로 관리하여 필수로 깔고 가야 한다. 관공서 혹은 회사(직원들 구해주는 곳), 동사무소 고정 복지 수급자분들 도움 지원 등, 가랑비에 옷 젖는다! 지인들과 친한 임대인들 전속물건을 잘 관리하여 타 부동산을 거치지 않고 무조건 나를 끼고 갈 수 있게 하자. 고정 수요와 매출이 생긴다.

엑셀로 수시로 체크하여 계약 만기 고객들에게 안부차 연락하는 방법도 필요하다. 이사를 하는지, 연장하는지 등(엑셀 항목에 만기일 등 체크하고, 프로그램을 쓴다면 만기일 알림을 90일 전부터 뜨게 설정 한다.)을 체크하는 것이다. 계약을 이미 한 손님이 2회차는 더 쉽고, 이미 신뢰감을 어느정도 확보한 상태라 더욱 더 중개하기 수월하다. 스타일도 성격도 어느정도 경험했기에 고객의 니즈 파악도 수월하다. 이후에 추가 수입 부분에서 다루겠지만, 주기적인 컨설팅, 고정적으로 맡게 되는 건물의 관리 등 수고비가 생길 수도 있다. (아예 임대인이 위임을 하고 도장을 맡기는 경우 등) 참고로, 대필은 행정사 법 위반이므로, 진행하지 말아야 한다. 푼돈 때문에 신고가 들어간다면 법적인 문제가 생길 수 있다.

소액으로 거액 만드는 '10억짜리 전화번호부'

유명한 영화 「범죄와의 전쟁」에서, 필자의 대학 및 학과 선배인 최민식 배우(필자의 학교 및 학과 직속 선배라 '최민식'이라는 이름으로 부르기가 조금 힘들다.)가 극중 위기 상황에서 필요한 인맥들의 전화번호가 적인 수첩을 펼쳐 보이며 다음과 같이 이야기한다.

"니~ 이기 얼마짜린지 아나?! 10억짜리야 10억!"

필자는 그 대사에 참 공감한다. 사람이 재산이기도 하지만, 중개업에서는 고객 연락처가 바로 '10억짜리 전화번호부'다. 그리고 그 전화번호부를 예전 시대처럼 노트에 일일이 수기로 쓰면서 찾을 필요가 없는 현대 디지털 사회에 살고 있기에, 필자는 필자만의 연락망 저장 방법을 고안했다. 고객의 성명이 기억이 안날 때가 많다. 그럴 때 검색을 용이하게 할 수 있는 방법이고, 단체 문자를 보낼 때에도 해당 그룹들만 보낼 수 있어서 용이한 방법을 소개한다.

첫 번째로, 전화번호부의 가치다. 앞서 언급한 전화번호부가 10억짜리라는 것은, 그만큼의 가치가 있다는 의미일 것이다. 그만큼 전화번호와 인맥이 돈이 되며 본인이 그곳에 많은 투자를 했다는 것일 테다. 전화번호부는 처음부터 습관을 잘 들여놓는다면 이후에 큰 거래 시, 필요할 때, 적재적소에 두 번째 설명할 저장 방법과 함께 활용도를 높일 수 있을 거라 확신한다. 전화번호부 저장의 개수는 중개업을 할 때 그 개수가 많아질수록 유용하다. 심지어, 스팸이나 피해야 할 악성 손님들도 저장을 할 필요가 있다. 그 전화를 피하기 위해서 말이다. 그만큼 전화번호의 저장은 중요하다. 급하게 전화를 해야 할 상황, 갑자기 어디에 전화를 해야 할 상황 등에 전화번호부의 가치는 빛을 발할 것이다. 고객만 저장하는 것이 아니다. 아파트 관리사무소나 소장님께 정산 또는 문의를 할 때에도, 저장을 해둔다면 알음알음 찾는 시간을 줄일 수 있다. 전화번호는 개인정보니 사고팔면 안 됨에도 암암리에 거래하는 것을 본 적도 있다. 전화번호부는 중개업에서 그만큼 가치가 높다.

두 번째로, 10억짜리 전화번호부를 만들 수 있도록 돕는 전화번호부의 저장 방법이다. 여러 중개사무소들과 매물을 보러 갈 때나 함께 있을 때, 전화를 하는 상황에서 본의 아니게 연락처를 저장해두는 방식들을 휴대폰 화면을 통해 보게 된다. 대부분은 그냥 '~부동산', '세입자~', '집주인~'과 같은 방식으로 저장한다. 필자의 저장 방식을 공유해 보자면, 다음과 같다. 맨 앞에 알파벳을 붙인다. 고객(customer)의 경우 공통적으로 앞에 c를 붙이고 한 칸 띄어쓰기를 한다. 휴대폰의 종류에 따라 띄어쓰기가 안 되어 있으면 c를 눌러도 검색이 안 되는 경우가 있기 때문이다. 전화번호를 저장할 때 여러 칸으로 저장할 수 있는 카테고리가 있다. 처음에 c를 붙인다. 다음으로 목적물의 종류를 기재한다. 그리고 매수인, 임차인 또는 매도인, 임대인을 붙인다. 혹은 소유주라고 붙이기도 한다. 그 밑에 줄에는 어떤 종류의 물건을 보는지를 저장한다. 그리고 / 표시를 해 구분한 다음, 목적물의 지번 및 호수를 기재한다. 끝으로 /를 한 번 더 넣고 최초 연락 또는 방문한 일자를 기재한다. 혹은 계약을 체결한 날짜를 기재해도 좋다. 예를 들어, 'c 임대인 다가구주택 소유주 / 사당동 xxx-xx / 25.xx.xx 연락(또는 방문)'와 같은 식이다.

그 뒤로, 계약을 체결했다면 c 다음 v를 붙인다. 초반에는 계약 횟수에 따라 v를 표시했었는데, 한 손님과 계약을 여러 번 체결하면 v가 끝이 없이 가므로, 그럴 땐 대문자 V 혹은 V를 두 번까지 체크하는 방법으로 여러 번 계약을 한 손님임을 표시하여 강조한다. 추후 검색 시 V를 검색하면 계약한 손님 목록이 뜨게 되는 것이다. V는 필자 기준으로 VIP의 약자로 설정했다. VV는 실제로 특급 VIP 수준으로 필자는 이와 같이 체크한다. 알파벳이나 기호는 개인적으로 이를 모티브로 하여 조금 변형을 주어도 된다.

다음, 중개사무들도 필요할 때 유용하다. g는 공동중개의 첫 자를 이니셜로 따서 g로 표시한다. g 띄우고 중개사무소 명칭을 기재하는 것이다. 그 후에 괄호 열고 동네, 지하철역 등을 적어 동일 사무소명이어도 구분할 수 있게 한다. 예를 들면, g 희망부동산(남성역) 이라고 하면, 희망부동산이 여러 곳일 텐데 그중 남성역에 있는 중개사무소를 찾게 될 것이다. 물론, 대표자명도 똑같이 / 후에 하단에 기재한다. 다만, 보통 대표자명을 기억하고 다니지 않고 중개사무소의 명칭을 부르기 때문에 중개사무소 명칭을 먼저 적어주는 것이 좋다. 추후에 매물을 급하게 찾거나, 이미지가 좋았거나 궁합이 좋았던 중개사무소 대표에게는 다시 전화를 걸게 될 것이다. 혹은 다른 동네의 매물을 찾을 때에도 그 동네의 물건이나 손님이 필요할 때 전화를 하게 될 때 검색 시 유용하다.

다음 예시로 필자는 유튜브 구독자의 방문이나 계약이 많으므로, 유튜브라면 U로 구분한다. 필자의 유튜브 구독자가 계약을 했는데, 그렇다면 이 손님은 'U c v ooo님 / 계약한 지번 / 방문일 혹은 계약일로 날짜'를 기재하는 것이다.

비즈니스적으로나 분양을 하는 곳, 다른 직업군 등을 저장하고 싶다면 동일하게 알파벳으로 묶어서 저장한다. 예를 들어, B(business)로 하면 되는 방식이다. 이런 메커니즘으로 여러분들만의 알파벳으로 구분해 두면 된다.

끝으로, 한방(필자는 쓰지 않으나 가장 유명하고 매물장으로 쓰기에 편한 것은 아니나 대중적이다 보니 많이 쓰인다.)이나 엑셀에도 같이 저장하여야 한다. 컴퓨터로 고객 대장을 통해 찾는 일도 많기 때문이다. 저장 방법은 다음과 같다. 우선 고객 대장에 순서 상관없이 방문 순서로 넘버링을 한다. 글을 쓰는 지금은 7년 차로서 나름의 노하우가 생겨, 일회성 방문은 메모하지 않는다. 가능성이 있거나 일부 진행 중인 상태에서 저장을 시작한다. 휴대폰으로 하는 전화번호 저장도 마찬가지다. 계약 고객은 별도 시트를 만들어 동일한 내용으로 분류하여 계약 고객들만 관리한다. 계약을 한 고객이라면 이름, 넘버링 한 곳에 파란색 글자나 색칠을 했다. 엑셀은 색칠도 할 수 있고, 글자색을 다르게 할 수 있기 때문이다. 계약 고객이 2회 이상 계약을 한다면 동일하게 VV 또는 vip를 붙인다.

이렇게 알파벳이나 넘버링, 고유 숫자 등으로 다양하게 여러분의 구색에 맞게 지정, 저장해나간다면 키워드를 여러 개로 분산해두었기 때문에 이후에 검색하기에도 용이하고, 필요시 바로바로 꺼내 쓸 수 있다. 업데이트는 주기적으로 그때그때 습관만 들인다면, 나머지 부분은 어려울 게 없다. 몰아서 하면 기억이 나지 않고 양도 많아서 할 엄두가 나지 않으니, 루틴을 만들어 꾸준히 업데이트하자. 시간이 지날수록 연락처, 전화번호가 굉장히 중요하다! 중개업은 전화번호 갯수가 생명이다. 저장이 돼 있어도 못 찾는 이들이 많은 것을 자주 보았다. 특히, 연세가 있는 이들은 그 확률이 더욱 높다. 이런 방식으로 습관을 들여보자. 특히 대분류를 통해 검색이 훨씬 유용하다. 여러분 만의 빠르고 효율적인 전화번호부 저장방법을 만들어보자!

두 건을 계약해야 하는 손님, 최소 한 건이라도 잡자

실무에서 흔하게 있는 경우다. 살던 집을 팔거나, 임대차인 경우 만기 전 퇴실을 하고 다음 집을 구해야 하는 경우가 있다. 이럴 경우는 2건을 거래해야 하는 상황이 생긴다. 손님의 상황이 이런 경우, 우선 두 건 다 할 수 있는 상황인지를 먼저 파악한다. 예를 들면 손님의 상황이 매우 급해서 빨리 퇴거를 해야 한다거나, 매물 상태가 좋지 않아 다음 세입자 또는 매수자가 쉽게 붙지 않는 경우가 있다. 이때는 먼저 살던 집을 빨리 정리해야 하는 게 맞기 때문에, 매물을 단독으로 잡으려고 욕심부리지 않는다. 만약 운 좋게 해당 집을 계약해 주게 된다면, 더욱이 다음 집을 내가 구해줄 수 있도록 흐름을 이어가고 손님에 대한 신뢰를 유지하여 꽉 잡는 게 좋다.

혹은 지금 살던 집이 거리가 멀어 내가 중개하기 어려운 경우도 마찬가지다. 그럴 땐 과감히 포기하고, 새로 구하는 곳이 내가 구해주기 용이한 곳이라면 빠르게 이사할 집을 구해주는 것이 좋다. 그렇게 한 건이라도 확실히 확보하는 것이다.

두 건 다 체결하게 된다면 보수를 할인해 주는 조건으로 손님과의 유대를 유지하며 금액적으로도 손님에게 매력을 느끼게 하면 좋다. 또한 이럴 경우 이전 거래의 상황까지 자세히 알고 있는 파트너 인식이 생기기 때문에 일 처리 하기에도 용이하다. 중개사를 더 믿고 신뢰하며 의지하게 될 것이다.

만약 한 건만 체결하게 되더라도 유대를 유지하기 위해 기존 집을 다른 중개업소에서 거래하더라도 서비스 차원에서 필요한 특약, 필요한 절차 등에 대하여 상담해 주고 신뢰감과 고마운 마음을 커지게 만들어주는 것이 좋다. 1건을 놓쳤다고 해서 손님에 대한 미련을 버리지 말자. 끝까지 고생해 주고 신경 써준 당신에게 반드시 다른 한 건을 계약하겠다는 약속을 하게 될 것이다. 그럼에도 당신에게 의뢰를 하지 않는다면, 어차피 거기까지인 인성이다. 폭탄 돌리기의 주인공이 되지 말자. 그냥 마음속에서 보내주면 된다. 계약 후에도, 한참 후에도 계속 신경쓰일 일을 만들 사람이다.

필자는 글을 쓰는 지금 시점에도 동일한 경험을 했다. 3억짜리 빌라 매매 의뢰건이었으나 위반건축물에 매도가 힘든 입지였다. 바로 욕심을 버리고, 빠르게 거래할 수 있도록 주변 중개사무소에 내놓는 방법과 어떻게 내놓아야 하는지를 설명했다. 빠른 시간 내에 거래가 운 좋게 되었다. 그 일이 큰 도움이 되었는지 의뢰인은 다음 집을 구할 때 필자에게 의뢰를 했다. 그러면서 자연히 기존의 매도 일정과 계약서 특약, 정리하는 방법에 대해 문의 횟수가 늘어났다. 필자는 "이런 서비스를 원래 해주지 않고, 계약하는 중개사무소에 물어볼 일이지만 다음 집을 내게 구한다고 약속해 주었기 때문에 더 최선을 다한다."고 웃으며 언중유골을 했다. 말을 하는 이유는 말하지 않으면 모르기 때문이다. 알아줄 것이라 생각하지 말자. 괜히 그러고 뒤돌아 서운해하지 말고 나의 서비스를 어필하는 것이다. 처음에는 그런 말을 꺼낼 때 생색으로 느끼는 것 아닌가 걱정할 수 있는데, 공인중개사는 자격증을 가진 전문가이다. 그러니 우리가 마음을 내어 서비스를 할 때 어필은 당연하다. 고맙게도 의뢰인은 필자를 통해서, 까다롭지 않게 계약을 해주었다. 빌라 매매 3억에 대한 중개보수를 포기한 대신, 그의 2배에 해당하는 전세 임대차 계약을 체결했다. 새로운 집을 구할 때 필자가 꼼꼼하게 진행해 주고 여기저기 동행해 주는 것에(임대차 신고, 은행 대출 방문, 법무사 소개 등) 큰 감동을 받았다. 이렇게 평생 단골을 확보하게 된 것이다. 쉽게 포기하는 것도 습관이 된다. 포기하지 말고, 다른 길을 찾자. '도망치는 곳에 낙원은 없다.'

계약 확률을 높이는 꿀팁

고객의 말보다 가능성을 믿자

전화 또는 방문에 관계없이, 손님의 원하는 사항을 들어보면 대부분 포괄적이다. 주택을 기준으로 하면 '지하, 반지하는 안 본다.', '경사진 곳, 외진 곳은 싫다.' 등이다. 정말 진절머리가 날 정도로 손사래를 치는 이들이 아니라면, 임장 시 동선을 짜서 보여주자.

'가는 길에 한 번 보는 것'으로 동선을 짜는 것이다. 필자는 그렇게 해서 안 본다던 매물도 많이 계약을 했다. 예를 들어, 반지하 방인데 손님이 처음부터 반지하는 절대 안 본다고 했었던 경우다. '일단 거르는' 대부분의 물건 종류가 반지하 혹은 지하 방이다.

상가임대차의 경우 지하(스튜디오, 연습실, pc방 등)를 선호하거나 지하가 필요한 경우를 제외하고는 대부분 주거 형태는 지상을 원한다. 다만, 반지하나 지하도 정말 나름이다. 동선과 설명 스킬, 그것이 중개사로서의 완숙미와 수완을 보여주는 것이라 본다. 다만, 절대 거짓말이나 과대 포장은 해선 안될 것이다. 그건 삼류 양아치나 하는 행동이다.

필자의 실제 계약 사례 중 『맨땅에 헤딩, 나의 중개 일기』 에피소드에도 수록되었던 내용의 일부다. 한 번은 초역세권에 인프라와 교통이 좋고 폭우에도 침수되지 않았던 습기 없는 집임에도 절대 반지하는 안 본다던 이가 있었다. 마침 사무실 바로 옆이라 온 김에 가는 길이니 한번 보고 가자고 했다. 손님은 '온 김에 잠깐 보고 가는' 집을 보자마자, 반지하임에도 당일에 바로 계약을 했다.

다른 사례로, 반지하나 지하는 단어만 들어도 너무 싫어하던 이었다. 집 내부가 신축이었고 구조가 잘 빠진 집이었다. 옵션 등이 잘 되어있고 가격이 합리적인 집이었다. 언덕이 조금 있었지만 이를 단점으로 설명하지 않고 언덕이 있는 덕에 집이 반지하 같지 않다고 장점으로 돌려서 설명했다. 그리고 그 집을 보러 가기 위해 가는 것이 아닌, 다른 집을 보러 가면서 간 김에 동선을 맞추어 보여 주었다. "오신 김에 보고나 가시면 어떠실까요?"라고 제안하면 대부분 수락한다. 바로 그 집을 계약했다. 그때는 공교롭게 필자의 생일에 계약을 해서, 꼭 책에 담았으면 좋겠다는 생각을 했었다.

앞선 두 건 모두 단독중개로, 가랑비에 옷 젖듯 2건의 중개보수를 합치니 100만 원이 넘어갔다.

고객에게 물건을 보여줄 때 - 리얼 팁

1. 금액을 고객의 말보다 조금 더 광범위하게 찾아보자.
2. 위치도 조금 더 넓게 보자. 다만, 이 부분은 고객이 꼭 해당 역이나 위치 등을 고수한다면 그 부분만 진행해야 한다. 반감을 살 수 있다.
3. 동선을 짜면서 보여 주고 싶은 물건은 이동경로에 포함시킨다.
4. '단점'이 있다면 그 팩트를 설명하되, '장점'과 어울러 설명한다던가, '단점'을 커버할 수 있는 긍정적인 단어로 표현한다. 예를 들어, 다음과 같이 말이다. "서류상 층수만 지하인데 보시다시피 지대가 높아서 햇볕도 들고 습기도 없습니다. 또 임대인께서 혹시 몰라 제습기도 놓아주셨어요."

모든 고객들은 본인의 금액과 조건 등에 비해 기대하는 기대치와 눈높이가 높다. 또한 막연히 그리는 선호와 비선호 조건들이 있다. 백문이 불여일견이라고 했다. 일단 직접 보면, 처음에 비선호했던 조건 혹은 안 한다던 목적물도 계약을 할 수 있다. 고객의 말보다, 가능성을 믿고 진행해 보자! 고객도 아직 고객 자신을 잘 모를 수도 있다.

2
효율성의 비밀 :
매물 광고의 최소 비용과 최대 효과

본서에서 필자는 매물을 확보하는 법에 대한 내용은 다루지 않았다. 이유는, 필자는 DM, 텔레마케팅, 직접 방문하여 연락처 확보 등의 방법을 쓰지 않았기 때문이다. 그리고 대부분 시중의 실무서에는 해당 내용은 거의 유사하게 나와있기에, 책에 안 그래도 쓸 내용이 많기에 더욱 엑기스와 노하우를 공개하는 편이 낫다 생각했다. 필자가 쓰지 않았을 뿐 방법은 알고 있고, 그 방법이 통하는 곳도 분명 있다.(물론 해당 내용이 궁금한 분들, 필요한 분들도 있을 것 같아 위패스 중개실무 강의 땐 내용을 넣을 생각이다.)

이번에 중요한 토픽은, 매물 및 광고비다. 광고비 역시 매월 집행해야 하는 고정비 중 하나다. 필자가 들어본 바로는, 1개월에 몇십만 원, 100만 원 단위를 지불하는 이들도 많다. 보통 네이버 광고를 가장 활성화시키고, 개인적으로 연결된 플랫폼 등에도 따로 광고하기도 한다(매경, 서브, 부동산114 등). 원·투룸을 많이 한다면 직방, 다방, 피터팬, 최근에는 당근 등에도 많은 광고비를 지불하기도 한다. 다만, 지출 대비 항상 성과가 따라오지는 않는다. 고기를 더 많이 잡기 위해 그물을 더 많이 치는 것에 비유하면 적당할 것이다.

 필자는 처음부터 전략을 세웠다. 광고는 정말 확실한 매물만, 주변에서 눈독 들여도 건드리지 못하는 매물만 진행하기로 말이다. 대신 사무소는 반드시 널리, 많이 알려야 한다고 계획을 세웠다. 이승주공인중개사사무소라는 고유 사업장에 대한 인지도는 높을수록 좋다. 광고 방법은 성향의 차이다. 필자처럼 할 필요는 없다. 여기서 잊지 말아야 할 부분은, 필자가 N잡러이기에 시간 활용에 대한 고민이 늘 있고, 시간이라는 물리적 제약에서 몸 하나로 다 통제가 가능하진 않는 상황이라는 점이다. 직원을 구해도 되지만, 직원을 구하는 데에 굉장히 세심하고 또 신중한 성격이라 믿을만한 직원을 구하는 데에 어려움을 겪다 보니 아직은 혼자서 중개업을 하고 있다. 그럴 때에는 필자의 방법처럼 하는 것이 유용하다. 소수 정예 전략 말이다. 다만, 중개보조원이나 소속공인중개사가 많이 근무하고 규모가 큰 형태라면 정말 공격적으로 씨 뿌리기 방법을 선택하여 많은 양의 광고를 할 수도 있다. 이번 주제에서는 최소의 비용으로 최대의 효과를 낼 수 있었던 필자만의 노하우를 공개하고자 한다.

광고비 없이 최상위 노출하는 방법

직방, 다방 등 플랫폼은 필자가 한 번도 사용하지 않았지만, 개업을 하면 귀신같이 많은 업체에서 연락이 온다. 광고 대행, 직방, 다방 등에서 직접 찾아오기도 하고 펜과 노트를 주기도 한다. 실제 비용을 알아보니, 소형 사무실 월세 수준으로 광고비를 지불해야 하는 수준이었다. 당시 매물도 없는 상황이었을뿐더러 경비 부담이 있었던 터라, 필자는 앞서 설명한 바와 같이 사무소의 인지도를 쌓는 것에 집중했다. 또한, 매물은 지인들에게 받은 매물을 거래하며 실력을 키우는 것에 집중했다.

개업하고 시간이 지나면 자연스레 매물은 쌓인다. 동네에 중개사무소가 생긴 것을, 간판을 오가며 눈에 익히게 되고 전화번호 등록을 해두면 알음알음 검색하며 전화가 올 것이다. 조급해 하지 말자. 이때, 보통은 검색 키워드를 '~동 부동산', '~역 부동산'과 같이 할 것이다. 예를 들어 남성역이라면, '남성역 개업공인중개사사무소'라고 검색하지 않는다. 일반 시민은 그런 용어를 모른다. '중개사사무소'는 그냥 '부동산'이라고 검색할 것이다. 우선, 검색 후 클릭 또는 해당 사무소를 검색하고 전화하는 빈도가 높아져야 순위가 높아지는 방식임에는 분명하다. 필자는 광고비 또는 파워링크에 관하여 네이버 사이트에 1원도 지급한 적이 없기 때문이다. 다만, 부동산거래정보망에 매물을 등록할 때에는 당연히 네이버를 이용한다. 광고

홍보 효과를 얻기 위한 마케팅으로 한 푼도 쓴 적이 없음에도, '사당동 부동산', '남성역 부동산'을 키워드로 검색했을 때 필자의 중개사무소가 많은 중개사무소 중에 1페이지 상단에 노출되어 있다. 한 동에만 수십 개의 중개사무소가 있다. '남성역', '사당동'이라는 키워드를 포함하여 검색하더라도 백 개 이상의 중개사무소가 나온다. 사진을 보면 총 5p까지 있는데, 한 페이지만 해도 스크롤을 내리면 끝없이 나올 정도로 많은 중개사무소가 있다. 그 많은 곳 중에, 상단에 노출하게 된 방법이 무엇일까?

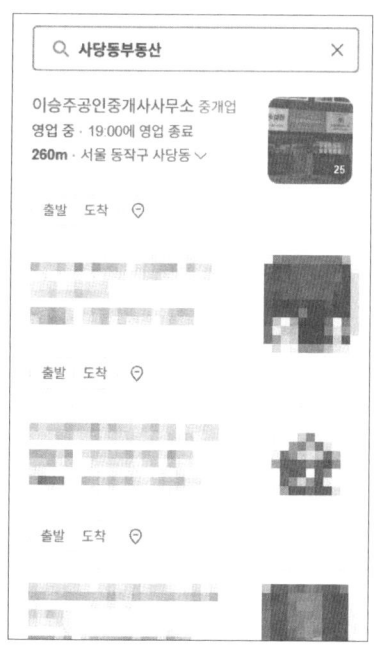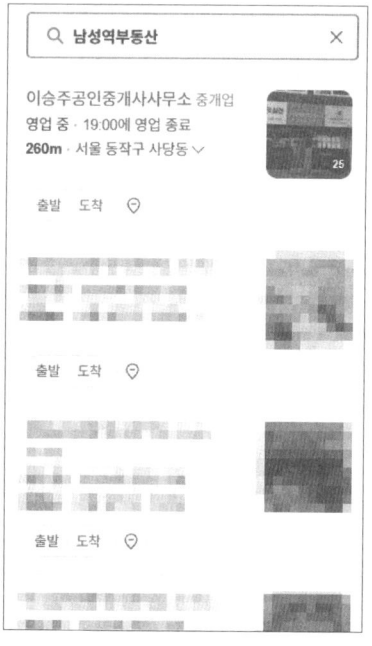

사당동부동산, 남성역부동산을 키워드로 검색했을 때 필자의 중개사무소가 광고비를 한 푼도 지불하지 않았음에도 많은 중개사무소 중에 1페이지 상단에 노출되어 있다.

바로, 앞서 언급한 검색량과 사무소 명칭의 홍보다. 필자는 5부에서 다룰 '브랜드 마케팅'을 하라고 권한다. 자신의 사무소가 알려지면, 찾는 이와 그에 따른 수입의 증가 확률이 자연스레 비례한다. 이미 내 사무소를 찾아 전화를 걸었다는 것부터 가능성이 높은 손님이다. 최근 계약한 손님에게 임장을 하며 넌지시 물어보았다. "근데 저희 사무소에 전화하셔서 문의하시게 된 게 어떤 경로를 통해서였어요?"라고 말이다. 대부분은 "아, 사장님 유튜브 보고요!" 혹은 "네이버 검색하니 제일 위에 떠있었는데, 사진이 신뢰가 가서요."라는 대답이 주를 이룬다. 자랑을 하고자 이 글을 쓰는 게 아니다. 여러분이 본서를 보고 참고하고 카피하여 노출 순위를 높이라는 의미로 해당 사항을 증명한 것뿐이다.

다음으로 구글 지도에서 검색량을 늘릴 수 있도록 연계시키는 것이다. 네이버 이용자가 많지만 젊은 층은 구글도 많이 사용한다. 필자 경험상 구글 지도에서 프로필을 등록하고 노출이 더 많이 될수록 네이버에서도 그 영향을 받는 듯하다. 또한 이 역시 5부에서 다루겠지만, 블로그에 해시태그를 한다거나 개인 SNS에 해시태그, 또는 고정적인 이미지메이킹을 함으로써 검색을 자연스레 하게 할 수도 있다. 결국에는 사무소의 명칭을 앞서 브랜드화한다면 고유성과 독창성을 갖고 각인이 될 수 있는 이미지를 줄 수 있다. 전문가 다운 프로필 사진, 사무소 내부의 깔끔한 부분을 촬영하여 함께 올리자. 모르는 이들은 사무소의 또 다른 얼굴이자 명함인 등록된 사무소의 사진을 보고 연락을 할 것이다. 이승주공인중개사사무소는 정말 특별할 것 없는 사무실이다. 이면도로에 위치해 있고, 내부 인테리어도 그렇게 예쁘지 않지만 단지 사무소 명칭을 맛집처럼 만들어두고 명칭을 널리 알린 것뿐이다. 다양한 경로가 있을 것이다. 필자처럼 유튜브, 블로그를 통해 사무소를 알게 할 수도 있다.

네이버에 매물별 등록을 하는 것은 당연히 기본이다. 광고는 일반적인 관점에서는 당연히 많을수록 좋다. 그물이 많으면 잡히는 고기도 많을 '가능성'은 열리기 때문이다.

다음은, 매물을 광고하는 방법 중 값싼 방법을 소개한다. SNS다. 단, SNS에는 조금 더 재미있게, 그리고 느낌 있게 자신만의 표현 방식으로 글을 게재해도 좋다. 다만, 인터넷 표시·광고법은 반드시 준수하되, 기본적인 사항은 적고 그 이후 자신의 색깔을 넣으라는 의미다. 그리고 중요한 점은, 반드시 '노출 종료'를 해야 한다. 포스팅한 게 아까워서 공개를 그대로 해두면서 '거래 완료' 글자를 써둔 경우, 게시물이 공개되어 있고 소비자에게 오인할 소지가 있다고 판단하여 과태료를 부과할 수 있다. SNS 또는 블로그, 유튜브의 광고가 무서운 점은 포스팅, 게시물별 1건으로 부과한다는 점이다. 1건에 30만, 50만, 60만을 부과하기도 한다.

효율적인 광고 방법은 공개했다. 다음으로 광고 시 주의 사항을 더욱더 자세히 살펴보자.

❙ 부동산 표시·광고 유의 사항

> **제18조의2(중개대상물의 표시·광고)** ① 개업공인중개사가 의뢰받은 중개대상물에 대하여 표시·광고(「표시·광고의 공정화에 관한 법률」 제2조에 따른 표시·광고를 말한다. 이하 같다)를 하려면 중개사무소, 개업공인중개사에 관한 사항으로서 대통령령으로 정하는 사항을 명시하여야 하며, 중개보조원에 관한 사항은 명시해서는 아니 된다. 〈개정 2014. 1. 28., 2019. 8. 20.〉
>
> **제18조의3(인터넷 표시·광고 모니터링)** ① 국토교통부장관은 인터넷을 이용한 중개대상물에 대한 표시·광고가 제18조의2의 규정을 준수하는지 여부를 모니터링 할 수 있다.

　공인중개사의 부동산 표시·광고에 대하여 100만 원 이하의 과태료 규정 또는 500만 원 이하의 과태료 규정이 있다. 특히나, 매물 광고에 대한 과태표 처분은 건별로 부과하기 때문에 여러 건이 묶일 경우 정말 큰돈을 부과 받을 수도 있다. 따라서, 광고를 널리 하는 것은 좋지만 그만큼 유의하여야 할 부분이 많다.

　공인중개사법상 부동산 중개대상물의 표시·광고에 대한 규제도 강화되고 허위 매물 근절에 힘을 쏟고 있다. 허위매물 규제에 대해서는 같은 공인중개사로서도 찬성하는 편이다. 필자도 중개업을 하다 보니 별의별 일을 다 겪었다. 일례로 정상적인 매물을 올려두었음에도 전화를 받자마자 "사장님 이거 허위죠?"라고 하는 이도 있었다. 기가 차서 말이 안 나올 지경이었다. 또 한 번은, 가뜩이나 매물 자체를 거의 광고하지 않는 필자임에도 정말 의도치 않게 실수로 매물 사진이 이상한 사진으로 올라가 등록관청인 동작구청에서 과태료 600만 원 사전 통지서가 날아온 경우가 있었다. 정말 심장이 벌렁거리고, 앞이 깜깜해졌다. 그만큼 표시·광고는 의도치 않게 위반할 수도 있고, 의도한 이는 교묘하게 빠져나가는 경우도 있다. 다음은 행정처분 과태료 사례들 중 일부다. 억울한 일을 당하지 않도록, 꼭 주의하여야 될 부분을 먼저 나열한다.

- 가계약과 실거래 신고일로 인한 과태료 1천만 원 부과 사례

계약 체결일로부터 30일 이내라는 규정에 대해, 유권해석은 '계약서를 작성한 일자가 아닌 실제 계약금이 오간 날짜가 먼저라면 그 날짜가 기준'이라고 한다. 따라서, 아무리 30일 이내의 기준이 다르다고 해도, 거래하자마자 최대한 빠르게 거래 신고할 것을 권한다. 늦을수록 호미로 막을 것을 가래로 막는다.

- 거래 완료 신고를 안 했거나 허위매물 신고로 인한 과태료

주변에 굉장히 적발 사례가 많으며, 필자에게도 직접 부과가 된 적이 있다. 분량상 길게 설명하기엔 무리가 있으나, 정말 컴퓨터가

어떻게 됐는지, 해킹을 당했는지 밤하늘의 별, 사막 사진, 바다 사진 등 자연의 사진들이 올라가져 있었다. 정말 너무 억울하여 일필휘지로 소명서를 작성했다. 구청 직원은 방방 뛰는 필자를 보고 직접 사무실에 실사를 나와주었고, 소명서를 그 앞에서 적고 제출한 후에 다음날 소명이 잘 처리되었다며 과태료 부과를 면제시켜주었다. 그날은 정말 한시름이 놓이고 너무 마음이 편해져서 일을 그만하고 일찍 퇴근했던 기억이 난다.

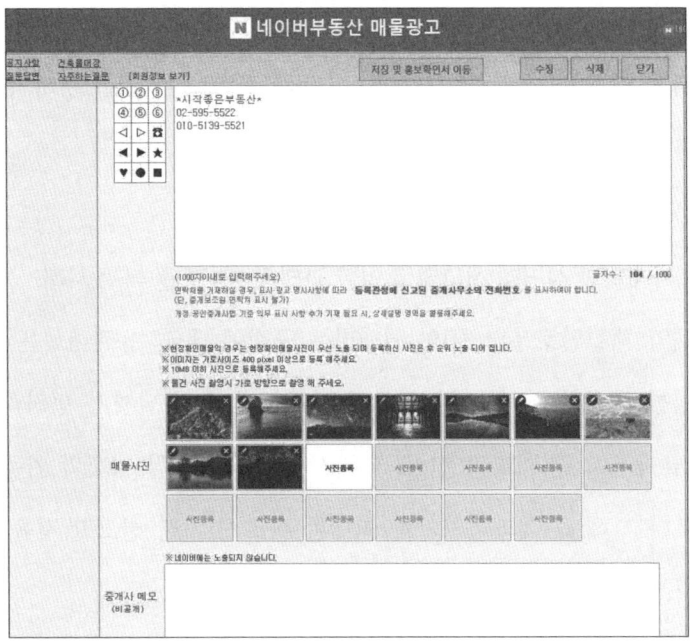

실제 필자가 한국부동산원의 모니터링으로 인해 구청에서 연락을 받았던 건이다. 사진은 600만 원의 과태료 사전통지를 받았을 때 그 사유의 화면이다. 다행이, 소명서를 잘 작성하였고 구청의 담당자가 나와 이를 팀장에게 보고하여, 담당 팀장이 고의가 아니었고 시스템상 오류였음을 확인하여 과태료 처분 사유를 소멸하여 과태료 부과를 면제받을 수 있었다. 지금 돌이켜 생각해보아도 정말 아찔하며, 저 사진이 왜 올라갔는지 지금도 알 수가 없다.

다음으로 유의 사항을 안내한다. 공인중개사법상 광고 주체를 명확히 할 것, 기본적인 표시 사항을 준수할 것이다. 또한, 계약 체결 시 작성하는 확인·설명서의 내용은 대부분 부동산 표시·광고에 기재하여야 할 사항으로서 중개대상물에 대한 조사와 확인·설명이 정확하여야 한다. 일례로, 목적물의 방향이 어느 향인지를 기재하는 칸이 있다. 동향인데 남향으로 설명했다던가, 안방 기준인데 작은 방 기준으로 설명했다던가 하는 식의 잘못된 기재 및 설명은 과태료 사유가 된다. 그냥 광고를 막 올려 소비자를 기망하지 말라는 강력한 의도가 보인다. 또한, 25년 1월부터는 중개대상물 표시·광고법에 따라 '위반건축물'도 의무 기재를 하게 되어 있는 부분도 함께 알아두자. 부동산의 표시·광고에서 허위광고는 신고하면 거의 100% 과태료를 맞게 되어있다. 입증을 하여야 하는 자는 신고한 자가 아니라 신고 당한 자인데, 실제 허위일 확률이 높기 때문이다. 또한, 확인·설명서는 털면 무조건 먼지가 나올 수밖에 없게 만들어져 있는 구조이기 때문에 누구나 볼 수 있는 광고를 올릴 때에는 너무 위험하게 올리지 말고 신중을 기해 하나씩 확인하고 올려야 탈이 없다.

네이버에 '동일 매물 묶기'를 하면 같은 매물인데 여러 중개사무소에서 광고를 하는 경우를 많이 보게 된다. 근데, 같은 매물임에도 금액이 다른 경우가 많다. 그 이유가 무엇일까? 간단히 설명하면, 첫 번째는 손님 끌기다. 10억에 의뢰를 받은 매물임에도 손님이 클

릭을 하도록 유도하기 위해 9억 9천만 원에 올려두는 방식이다. 일단 저질러놓고 손님이 붙으면 어떻게든 깎아보자는 생각이다. '안되면 말고' 주의다. 다음으로 실제 의뢰하지 않은 중개사무소인데, 회원제거나 친하다는 이유로 실제 매물을 의뢰받은 중개사무소가 매물을 뿌려주고 광고를 하도록 하는 것이다. 이럴 때에는 의뢰받지 않은 곳은 의뢰인이 요청하는 금액을 실시간으로 반영하기 어렵다. 직접 의뢰받은 것이 아니기에 소통할 수 없다. 이런 이유들로 금액 차이가 날 수 있다.

끝으로, 거래 완료가 되면 반드시 업데이트를 하자. 동일 매물을 광고한 경우 먼저 계약을 완료한 중개사무소에서 거래 완료 처리를 하면 알림이 뜨기 때문에 거래 완료 체크가 용이하다. 반면 단독 중개를 해서 본인이 거래를 체결한 경우에는 광고를 게재하던 것을 깜빡 잊고 인터넷의 표시·광고해 둔 사항에 대하여 업데이트를 안 할 수 있다. 거래 완료 처리를 하지 않고 그대로 광고를 유지한다면 허위매물이 되는 것이다. 지체 없이 거래 완료 처리를 하여야 하는 것이 규정이기 때문에, 잊지 말고 습관을 들이자. 자꾸 깜박한다면 모니터 앞에 포스트잇을 붙여두자.

앞서 표시·광고에 대해서는 중개사 공부를 할 때 빈출 토픽들로 많이 공부를 했을 것이지만, 실무에서는 그 과태료가 정말 무섭다는 것을 알게 될 것이다. 필자는 다행히도 부과를 면했지만, 정말 아찔했던 기분은 지금도 생생하다. 명심하자, 푼돈 벌려다 큰돈 잃을 수 있는 것은 중개 사고뿐 아니라 표시·광고에서도 나비효과가 되어 올 수 있다는 것을 말이다. 잃지 않는 게 훨씬 중요하다.

많은 매물 없이도 매출 부자 되는 방법

첫 번째는 확실한 매물 하나, 열 매물 안 부럽게 하는 방법이다. 확실한 매물 하나가, 10개의 무작위 광고보다 낫다. 물론, 인원이 많아지거나 소화할 수 있는 능력이 되면 10개의 매물도, 1개의 확실한 매물도 모두 다 공존할수록 당연히 좋다. 다만, 개업 초반 공인중개사로서 입지를 다지며 실력을 키우고, 확실하게 탄탄하게 가기 위한 로드맵을 제시한다.

양타(단독중개)를 해야겠다면, 광고를 띄우는 것도, 타 부동산의 공동중개 요청 수락도 여러분의 선택에 맡긴다. 이땐 전속이거나 그에 버금가는 확실한 광고일 경우에 여러분이 물건을 꽉 쥐고 있을 경우의 상황이다. 초반에 광고를 띄울 땐, 확실한 내 보유물건만 띄우거나, 동네 여기저기에서 다 올린 매물을 띄우길 추천한다. 혹은 최대 2-3곳에만 내놓은 상태에서 광고를 자세히 올리게끔 진행하는게 좋다. 특히 고가의 경우나 인기 있는 매물의 경우, 양아치 같거나 철면피 같은 몇 부동산이 직접 물건 광고를 보고 따러 다니는 사람들도 있으니, 이 부분을 조심하자!

 확실한 나만의 물건은 누가 들이대도 어차피 거래 당사자인 임대인이 거래해 주지 않으면 끝이다. 무조건 나와 거래하는 물건은 임대인에게 전화가 가도 정리를 해준다. 따라서, 초반에 확실한 매물 1개는 거래를 거의 따놓은 당상이므로, 여러분께서 중개 건수 1건을 하며 레벨 업하기 좋다. 이것을 토대로 다양한 시도를 해보시면 좋다.

 광고는 보통 네이버로 진행한다. 1건에 2,000원꼴. 필자는 10건 단위로 결재한다. 이렇게 광고 매물 가능 수 역시 규모의 경제가 발생한다. 매물 광고를 많이 할 독자라면 대량으로 결제하는 것이 훨씬 저렴하다. 원룸은 네이버 부동산에서 찾아도 워낙 수가 많기 때문에 평소에는 잘 해두지 않지만, 원룸 수요가 정말 많은 곳이거나 그런 시점에는 적극적으로 많이 올려도 된다. 이렇게 확실한 매물 하나만 있다면 광고비도 들지 않을뿐더러, 시간이 지나면서 중개를 잘하고 양심적인 중개사무소에만 물건을 던져준다. 그렇게 되면 공동중개를 하더라도 물건지에서 해주는 것이므로, 자연스럽게 한쪽의 중개보수는 기본적으로 깔고 가게 된다.

광고비의 함정

다소 적게 벌더라도 적게 쓰면 적자를 안 볼 수 있다. 많이 벌고 적게 쓰면 많이 모으는 것은 당연하다. 여러분이 처음 개업을 하면 귀신같이 직방, 다방 측에서 각종 노트, 펜, 계약서 파일 등을 선물로 들고 광고비 이벤트를 다양하게 하고 있다고 하면서 방문하거나 연락을 할 것이다. 하지만 필자는 직방, 다방은 하지 않는다. 이유는 광고비 대비 이미지에 대한 신뢰가 낮은 편이고, 가성비가 나오지 않기 때문이다. 실제로 원·투룸이 즐비한 직방, 다방에서 양타 1건은 광고비로 깔고 가는 것이기에, 처음에는 물량을 정말 많이 소화 가능한 곳이 아니라면 직방, 다방은 지출만 과도하고 기한 대비 가성비 효과를 잘 보지 못한다.

그렇다면, 적은 돈으로 광고하는 방법은? 유튜브(매물 전용 계정을 생성하는 것도 방법이고, 확실한 매물 위주로만 광고하자. 상가 등은 위치만 보아도 다른 데에서 다 빼간다)와 블로그이다. 특히 블로그는 무료이자 영상이 필요한 유튜브보다 접근이 쉽고, 활용도가 높아 효과가 좋다.

물건을 확보하고 싶은데 물건도, 공동중개 해 줄 곳도 없다면 공실클럽과 온하우스라는 사이트를 이용해 보는 것도 방법이다. 다만, 이곳도 금액이 적지 않다. 가입 승인 후 공실클럽은 2일, 온하우스는 1주일을 무료로 이용하게 해준다. 필자도 써보았는데 지역별로 물건이 다양한 곳이 아니라면 활용도가 금액 대비 좋지 않아서 현재는 네이버 광고로만 진행하고 있고, 손님들 대부분을 네이버 연결로 받는다. 네이버가 신뢰도나 계약률이 가장 높다. 또한 네이버에 허위 매물을 올리지는 않되, 비슷한 물건 종류가 있으면 1개만 올리고 손님이 연락을 해오면 비슷한 조건의 다른 매물들을 같이 브리핑해서 광고비를 아끼는 것도 방법이다.

광고비를 아끼는 방법, 가성비를 높이는 방법 몇 가지를 설명했다. 가장 좋은 광고는 이전 편에서 말한 '브랜딩이 되어있는 중개사, 중개사사무소'이다. 물건이 없어도 물건을 줄 것이고, 손님이 없어도 손님이 찾아온다. 필자 역시 다양한 수입 루트를 통해 많은 손님들과 만나고, 상담하고, 중개하며 추가적인 소득을 올리고 있다. 친한 중개사무소와 매물을 공유하는 방법도 있다.

여러 개 씨 뿌리기 vs 한 개 집중하기 : 매물 소화 전략

| 사무실 유리 벽보 매물장의 효과

사무실 내부에서 바깥으로 보이도록 벽보 매물장을 해두는 효과는 0원의 광고비로 큰돈을 벌 수 있는 방법이다. 필자의 맨땅에 헤딩, 나의 중개 일기에도 사례를 다룬 바 있다. 실제 계약으로 이어진 경우도 많고, 문의도 적잖게 받는다. 추가로 좋은 점은, 동일 매물이 아니어도 "그럼 저 매물이랑 비슷한 조건의 다른 매물도 볼 수 있나요?", "제가 저 금액대의 집(또는 상가 등)을 보고 있는데요."라고 하며 다른 중개대상물로 이어질 수도 있다. 걱정할 수 있는 부분이 있을 텐데, 바로 중개대상물 표시·광고를 할 때에 필수로 표기하여야 하는 '사무소 명칭, 대표자 성명, 소재지, 연락처, 등록번호'를 기재하여야 하는지다. 유권해석에 확실히 나와있는데, 사무소 내부의 소재와 신원이 확실하므로 이때에는 별도의 표시·광고를 위한 정보를 남기지 않고 매물 형태만 기재하여도 된다. 법령 및 세부 사항에 대하여는 내용 관계상 다루지 않겠으나, 문제가 없음이 명확하므로 벽보 매물장을 해두어도 된다. 다만, 바로 옆 건물이라도 본인의 사무소가 아닌 이상 그 외의 장소는 기본적으로 표시하여야 한다. 실무에서는 실제 표시·광고법을 준수하지 아니하고 대부분 '임대문의-010-xxxx-xxxx OO부동산'이라고 표시하는 경우가 많다. 악의를 가지거나 준법정신이 뚜렷한 이가 신고하면 이는 처분 대상이 될 수도 있는 사항이다.

다시 돌아와서, 벽보 매물장의 또 다른 장점으로는 양타(단독중개) 확률이 많이 높아진다. 이미 손님이 의뢰인이자 수요자가 되고 본인이 받은 매물을 광고하기 때문에 타 중개사무소와 공동중개를 하지 않아도 된다. 단독중개는 보수를 양쪽에서 받으므로 그만큼 짜릿한 게 없다. 생각보다 지나가면서 보는 이들이 정말 많다. 그리고 중개사무소의 특성이자 고유의 색깔을 표현하는 방식이기 때문에, 벽보 매물장은 정말 효과가 좋다. 지나다니다 보면 A4용지만 뽑아 대충 붙여놓은 사무소들도 많이 보이는데, 그것보다 문구용품으로 A4용지를 넣었다 뺐다 할 수 있는 투명 아크릴 부착물을 기본 형태로 두고, 매물 종이만 교체하는 방식을 이용하자.

사무실 내부에서 찍은 필자의 벽보매물장 사진이다.
일부러 구분을 위해 한 칸을 비워 사진을 찍었다. 실제로는 빈 곳이 없도록 가급적 꽉 채우는 것이 좋다. 빈 부분이 생기면 오히려 매물이 없어 보이는 단점이 있다.

벽보 매물장을 만드는 필자만의 방법을 소개하겠다. 중개대상물의 정보를 출력 시, 대상물 종류별로 바탕색을 다르게 하자. 글자체는 통일하되, 상가, 주택 크게 2가지로 나누어(일반적인 경우) 색상을 분류하자. 필자는 빨간색은 상가, 파란색은 주거로 색상을 정한다. 붓글씨로 매물장을 작성하는 이를 보았다. 정성을 들여 쓴 것이 딱

봐도 느껴져서 신뢰가 가고 붓글씨가 아날로그라 연배가 지긋한 대표가 연상되고 토박이라는 이미지가 박힌다. 이처럼 자신만의 개성을 담는 것은 추천이다. 나이가 많고 적고는 어떤 문제도 되지 않는다. 모든 것은 브랜딩이다. 거래가 완료되면 바로 종이를 빼자. 다만, 그보다 앞서 해야 할 것은 전산에 올려둔 중개대상물 광고부터다. 벽보 매물장은 조금 늦어도 문제 소지가 적지만, 실제 정보를 자세히 올려둔 광고는 부존재하는 중개대상물에 속하게 되므로 과태료가 크게 나올 수 있다.

'아이폰 vs 갤럭시' : 중개업에는 무엇이 좋을까?

필자도 아이폰의 광팬이다. 하지만, 중개업을 한다면 갤럭시폰은 필수다. 아이폰만의 감성과 디자인, 사용 방법에 익숙해지면 빠져나오기 힘들다고들 한다. 공감한다. 다만, 중개업을 할 때에 갤럭시폰이 없으면 정말 힘든 순간이 올 것이다. 바로 녹음 기능 때문이다. 대부분은 이해할 것이라 길게 설명하지 않겠지만, 녹음 기능을 반드시 활용하여야 한다. 여기서 끝이 아니다. 적어도 책을 보는 시간을 할애하는 만큼 유용한 내용을 더 얻어 가야 하기 때문에, 한 가지 팁을 남긴다. 클라우드 프로그램을 매월 소액 결제하여 대용

량으로 확보하자. 필자는 파일별, 폴더별 대-중-소를 분류하여 매일 하루를 마무리하기 전에 정리를 한다. 그리고 휴대폰의 애플리케이션으로 그때그때 해당 폴더에 가서 필요한 내용을 찾거나, 전송하거나, 활용한다. 외부에 있을 때 전화를 받으면 가장 많이 하는 말이 "제가 밖이라, 이따가(혹은 어떤 경우는 내일) 들어가서 보내드릴게요."라는 것은 공감할 것이다. 어느 현장에 있던 그때의 목록을 기억하고 바로 다운로드해 보낼 수 있다면 전문성과 '일머리 좋은'사람으로 인식될 것이다. 위 클라우드에 필자는 중요한 녹음도 함께 넣어둔다. 추후 말을 바꾸는 경우거나 기억으로 정확지 않을 때에는 녹음을 들어보기도 한다. 또한 행정사를 하고 있는 필자의 입장에서 녹취록을 연습할 겸 듣기도 한다.

사진의 화질은 2025년 현대 사회에서는 모두 다 좋다. 다만 아이폰의 감성만을 추구하기에는 중개 실무는 너무 냉혹하고 또 현실적이다. 필자처럼 2개의 휴대폰을 사용하면서 개인 폰은 아이폰, 업무 폰은 갤럭시로 해도 된다. 필자는 7잡이기 때문에 개인적인 친분이 있는 지인들 외에는 업무상 전화는 모두 업무용 전화번호를 알려준다. 명함 또한 업무용 전화번호이다. 그리고 업무 외 시간에는 갤럭시 폰을 무음으로 해두자. 급한 약속이 있었던 때에만 전화기를 들여다보자. 퇴근 후 조금이라도 스트레스를 줄일 수 있다. 워라밸이 없고 스트레스가 정말 많은 중개업에서는 녹음만이 그 확실한 증거가 된다. 다투거나 소송으로 가지 않는 게 좋다. 당연하다. 이겨도 상처뿐인 승리일 만큼 힘들다. 다만, 그럴 경우가 누구에게나 일어날 수 있다. 그때 통화의 당사자, 현장의 당사자는 제3자 녹음이 아니기 때문에 증거로 그 녹음이 효력이 있다. 차량의 블랙박스가 도로 위의 경찰이라고 하듯, 녹음이 안 되어 있는데 증거가 없이 의견만으로 다툴 때 그 답답함은 상상을 초월할 것이다. 물론 싸움으로 번질 것을 미연에 방지하는 역할도 하지만 일하는 것에 절대적 비중을 찾이하는 것은 업무의 효율성 부분이다. 고객과 하루에도 수십 명 통화를 하는 입장에서 기억이 나지 않는다. 필기를 하기 힘들거나 이동하는 중간에 통화를 하는 경우, 고객의 요구 사항을 리마인드하기에는 녹음 만한 것이 없다. 연락처 저장이 되어있는지를 떠나, 녹음을 파일화하면 _기호 옆에 날짜와 시간이 기록되기 때문에 추후 검색 시에도 날짜를 대략 기억한다면 찾기 편할 것이다. '중요 녹음 파일' 또는 '계약 관련 녹음 파일'이라는 폴더를 생성, 중요하다면 하위 폴더를 생성해서 따로 보관해도 된다. 또는 즐겨찾기(별표 체크)를 해두면 더 빠르게 볼 수 있다. 생각보다 녹음 파일이 차지하는 용량은 크지 않다. 수천 개의 녹음이 넘는 필자의 갤럭시 폰도 22년 초부터 아직 잘 쓰고 있다.

Branding
'나'를 파는 시대, 디지털 퍼스널 브랜딩

'동네 중개사'를 넘어
'대체 불가능한 전문가'로 거듭나는 과정

1
콘텐츠 전략 : 무엇을, 어떻게 보여줄 것인가

2부에서는 사무소 상호의 브랜딩에 대해 다루었다. 이번에는, 공인중개사 본인도 함께 브랜딩을 하여 이름값을 높이는 전략을 세워보고자 한다. 퍼스널 브랜딩은 지금 이 시대에 가장 중요한 가치라 생각한다. 개인의 강점, 경험, 가치관을 명확히 하고 그것을 부각해 나의 사업과 인생 전반에 투영시켜 경쟁자와 차이를 만드는 것이다. 퍼스널 브랜딩이 잘 되어있으면, '공인중개사'라는 자격증을 넘어 엄청난 파급력이 있다.

그중에서도 인터넷, SNS 등을 활용하여 본인과 사무소를 홍보하는 콘텐츠 전략에 대해 알아보자. 이 부분은 필자가 실제 가장 주력으로 집중하는 분야이다. 명품은 '이름있는 제품'이다. 유명해지면, 그에 따른 가치는 당연히 올라간다.

블로그, 유튜브, 인스타그램 : 채널별 특징과 공략법

온라인에서 나를 알리고, 나의 콘텐츠를 전달하고, 결국 고객과 연결되기 위해 우리는 다양한 플랫폼을 활용한다. 그중에서도 블로그, 유튜브, 인스타그램은 가장 대표적인 3대 채널이다. 이 세 가지 채널은 각각의 특성과 강점이 뚜렷하게 다르기 때문에, 같은 콘텐츠라도 접근 방식이 달라야 한다. 필자는 이 플랫폼들을 어떻게 활용할지 늘 고민하고 실험해왔다. 아래는 필자가 직접 경험한 바를 바탕으로 정리한 채널별 특징과 공략법이다.

▌블로그 : 검색형 콘텐츠의 최강자

블로그는 시간이 지나도 꾸준히 유입되는 '검색형 콘텐츠'에 강하다. 누군가가 정보를 찾기 위해 네이버나 구글에 검색을 하면, 블로그 글이 그 검색 결과에 오랫동안 노출된다. 글을 잘 써놓기만 하면 매일매일 유입이 생기고, 오래된 글이 나 대신 계속 홍보를 해주는 셈이다. 실제 필자가 글을 쓰는 시점인 2025년 7월 기준, 최근 강의 제안이 온 곳에서도 필자의 블로그를 보고 요청을 하게 되었다고 한다. 필자처럼 자연스럽게 일기 형식으로 남겨도 좋고, 지식 전달형으로 남겨도 된다. 지식 전달형은 글을 한 번 포스팅하면 법령이 개정되지 않는 한 오랫동안 변함없이 사용할 수 있다는 장점이, 일기형은 인간미가 풍겨 나오고 시간이 지나 본인의 일기를 통해 고찰하고 재정비할 수 있는 부분의 장점이 있다.

블로그는 '정리된 정보'를 원하는 사람에게 효과적이다. 특히, 지역 기반 비즈니스나 전문 정보(예 : 법률, 부동산, 교육 등)를 다룰 때 강력하다. 이때에는 긴 글, 이미지, 표, 링크 등을 풍부하게 넣어 하나의 완성된 자료처럼 만들어야 한다. 공략법은 키워드를 중심으로 글을 쓰는 것이다. 사람들은 어떤 키워드로 검색할지 먼저 고민하고, 그 키워드를 중심으로 제목과 본문, 태그, 이미지 설명을 구성해야 한다. 네이버 블로그는 특히 제목과 첫 단락의 키워드 반영이 중요하다. 블로그 애드포스트도 있으니 수익이 나면 부가 수익은 덤이다.

유튜브 : 신뢰와 인상을 주는 얼굴 기반 콘텐츠

필자가 현재 가장 활발하고 강력하게 사용하는 플랫폼이다. 유튜브를 통해 많은 좋은 인연도 생겼으며, 좋은 기회도 얻었다. 즉, 유튜브는 '사람'을 중심으로 관계를 쌓는 플랫폼이다. 글보다 말이 빠르고, 이미지보다 영상이 더 신뢰를 준다. 내 얼굴, 목소리, 말투, 표정, 설명 방식이 그대로 전달되기에 '콘텐츠'보다 '사람'이 먼저 각인된다. 그래서 유튜브는 신뢰 형성에 가장 효과적인 채널이다. 필자가 운영하는 '공인중개사 이승주TV'와 '행정사 이승주TV' 역시 꾸준하게 구독자가 증가하고 있다. 이를 통해 다양한 강의도, 구독자들과의 부동산 계약도 이루어지고 있다. 또한, 유튜브를 보고 각종 제안, 협업 등 연락이 오기도 한다. 다만, 필자처럼 강의 형태로 지식·정보를 올릴 경우 구독자 상승은 타 Vlog 또는 맛집, 여행 유튜버들처럼 증가 속도가 빠르지 않을 수 있다. 대신, 이탈이 적고 이슈에 영향을 받을 확률이 적다는 것이 장점이다. 또한, 필자처럼 강의 또는 저서를 집필하는 일을 하고 싶다면 지식 형태로 꾸준히 신뢰를 쌓아나가는 것도 좋은 전략이다. 유튜브 구독자가 많을수록, 강력한 명함 중 하나가 된다. 또한, 타인이 본인을 소개할 때 '포트폴리오로 소개할' 한 가지에도 들어갈지도 모른다. 한 가지 유의할 점은, 유튜브는 국내 기반 플랫폼이 아니므로 악플에 대한 고소 등이 쉽지 않다. 채널이 유명해지거나 커져갈수록 익명성 뒤로 숨어 악플을 남기거나 무지성으로 폭언을 하는 이들이 간혹 있다. 유명해지는 징조라고들 하지만, 처음에는 당혹스럽다. 멘탈을 잘 잡고 해야 하는 플랫폼이다.

유튜브는 구독자 수가 곧 영향력이다. 구독자를 늘리기 위해서는 콘텐츠의 지속성과 주제의 명확성이 필요하다. 어떤 분야의 전문가인지, 어떤 스타일의 영상을 주로 올리는지 구독자가 명확히 인식할 수 있어야 한다. 이 분야에서도 꾸준함과 성실함으로 빛을 볼 수 있다. 그 뒤에 '잭팟'이 터지는 것은 하늘에 맡기는 부분으로서, 필자도 아직 경험하지 못했기에 말하기가 어렵다. 다만, 적어도 꾸준함과 성실함으로 담보되는 일정 수준까지는 확실히 장담할 수 있다. 실제로 주변에서 정말 많은 이들이 유튜브를 시작했다가, 1년을 넘지 못하거나 몇 개를 올리지 않고 대부분 그만두었다. 그만큼 꾸준함은 인정받는 재능이므로, 유튜브에서도 꾸준하게, 100개만 일단 올려보자. 또한, 원소스 멀티유징을 할 수 있는 카테고리로서 필자처럼 공부한 것을 책에도, 유튜브에도, 블로그에도 활용할 수 있다. 공략법은 썸네일과 제목을 강력하게 잡는 것부터 시작한다. 아무리 좋은 영상을 만들어도 클릭되지 않으면 의미가 없다. 영상의 앞 10초가 관건이며, 말은 느리기보다 약간 빠르게, 얼굴을 공개할 경우 시선은 카메라 렌즈를 정확히 바라보면서 말하는 것이 좋다. 무엇보다, 다시 강조하지만 영상 하나하나를 '브랜드 자산'이라 생각하고 꾸준히 올려야 한다. 유튜브로 수익이 나게 되면, 그 수익은 여러분이 제작한 콘텐츠의 광고 수익이지만 필자는 이 역시 저작권료의 일부라고 생각한다.

▎인스타그램 : 감성과 순간을 담는 비주얼 채널

인스타그램은 빠른 소비와 감각적인 이미지를 기반으로 한 플랫폼이다. 긴 글보다 '느낌', '톤', '스타일'이 먼저 보인다. 브랜드를 시각적으로 각인시키고, 짧은 소통을 통해 팔로워와 유대감을 형성하기에 좋다. 또한 형식적으로 조금 더 편하게, 일상적으로 올릴 수 있는 플랫폼이기 때문에 다가가기 쉽게 작성해도 좋다.

스토리, 릴스, 피드, 하이라이트 등 다양한 포맷으로 브랜드를 보여줄 수 있다. 특히 릴스를 통해 빠르게 노출을 확장할 수 있다. 인스타그램은 알고리즘 노출이 강력하게 작동하기 때문에, 꾸준한 업로드와 반응 유도(좋아요, 댓글, 저장, 공유)가 중요하다.

공략법은 해시태그 전략과 통일된 피드 구성이다. 한눈에 들어오는 피드의 색감, 구성, 콘텐츠 톤이 브랜드 이미지와 연결되어야 한다. 릴스는 최대한 짧고 빠르게 임팩트를 줘야 한다. 댓글로 소통하고, DM 문의를 자연스럽게 유도하는 것도 중요하다.

| 마무리하며

블로그, 유튜브, 인스타그램은 각각의 목적과 매력이 다르다. 중요한 것은 '한 콘텐츠를 세 채널에 맞게 변환하여 활용하는 것'이다. 예를 들어, 유튜브 영상을 만들었다면 블로그에는 스크립트 형태로 정리해서 올리고, 인스타그램에는 요약된 핵심 메시지와 감각적인 이미지를 올리는 식이다.

하나의 콘텐츠로 세 가지 플랫폼을 엮는 '멀티 콘텐츠 전략'이 결국 브랜드의 확장을 이끈다. 핵심은, 각 채널의 특성을 이해하고 그것에 맞게 대응하는 것이다. 이 전략만 제대로 익혀도, 콘텐츠는 단순한 글이나 영상이 아니라 '나'라는 사람을 브랜딩 하는 가장 강력한 도구가 된다.

　위의 세 가지 중, 자신을 가장 잘 살릴 수 있는 방법으로 브랜딩 하자. 필자는 세 가지 모두 다 한다. 다만, 인스타그램은 비공개로서 필자를 팔로우하는 지인들 위주로 홍보하기에 지인을 대상으로 하는 이미지메이킹이라 볼 수 있다. 블로그는 일기 형식으로서 온·오프라인에서 보는 이들이 쉽게 접근할 수 있도록 유튜브와 인스타그램의 중간적 성격을 띠고 포스팅을 한다. 끝으로 유튜브는, 지극히 공적으로 정보만을 제공하는 목적성을 띠고 강의한다는 마음으로 진행한다. 꾸준히만 하면 시간이 여러분을 명품 중개사로, 브랜딩 되는 중개사로 만들어줄 것이다. 필자도 마찬가지로 그 길을 향해 가고 있다. 같이 가보자.

지식 vs 재미

공인중개사가 퍼스널 마케팅을 하기 위해 선택할 수 있는 플랫폼은 다양하겠지만, 필자는 대표적으로 유튜브, 블로그, 인스타그램을 언급했다. 이 세 가지 플랫폼은 각각의 특성과 역할이 분명히 다르며, 어떤 방향으로 브랜딩 할 것인지에 따라 전략이 달라진다.

유튜브

가장 강력한 퍼스널 브랜딩 도구이자, 가장 까다로운 플랫폼이다. 그 이유는 명확하다. 유튜브는 시청자의 시간을 요구하는 매체이기 때문이다. 사람들은 유튜브에서 정보를 얻기를 바라기도 하지만, 동시에 재미를 기대한다. 그래서 유튜브에서 성공하기 위해서는 **'지식을 제대로 주던가, 재미를 제대로 주던가'** 둘 중 하나에 확실히 집중해야 한다. 결국 '또 보고 싶은 채널'이 되어야 구독 버튼을 누른다. 임팩트를 무엇 하나라도 주어야 한다. 정말 유익하던가, 정말 재밌던가로 말이다. 절반의 재미, 절반의 정보는 결국 아무런 인상도 남기지 못한 채 영상이 스쳐 지나가 버린다. 정보 중심으로 갈 것이라면 정확한 지식 전달, 자료 기반 설명, 전문가다운 어투가 필요하다. 반대로 재미 중심으로 갈 것이라면, 상황극, 브이로그, 일상 공유 등으로 인간적인 면모를 드러내야 한다. 유튜브는 그 특성상 '지식 vs 재미'의 전쟁터라고 볼 수 있다. 이 중 한쪽을 분명히 선택하고, 그 안에서 일관된 톤을 유지하는 것이 관건이다. 유튜브에서는 결국 이 말로 정리할 수 있다. "지식을 제대로 주던가, 재미를 제대로 주던가. 반반은 통하지 않는다." 그중 어느 쪽이든, 시청자가 '기꺼이 시간을 내어 볼 이유'를 만들어야 한다.

블로그

블로그는 텍스트 기반의 지식 전달 플랫폼이다. 검색을 통한 유입이 대부분이므로, 블로그는 전문성과 깊이를 보여주는 데 최적화되어 있다. 실무 경험, 법률 정보, 지역 시세, 계약 실수 사례 등 실질적인 도움이 되는 내용이 많을수록 검색 신뢰도와 체류 시간이 높아진다. 공인중개사의 블로그는 재미보다는 정보의 정확성과 디테일이 중요하며, '전문가로서의 깊이'를 쌓아가는 데 유리한 플랫폼이다. 혹은, 필자처럼 일기를 써도 된다. 다만, 그 일기는 지극히 개인적이고 또 사적인 감정과 생활을 많이 다루므로 사생활 노출 또는 정보의 비대칭으로 인하여 불필요한 공유를 하게 되는 단점이 있다.

| 인스타그램

인스타그램은 감성과 친근함의 공간이다. 시각적인 이미지, 짧은 문구, 빠른 소비가 특징인 플랫폼이기 때문에, 유튜브나 블로그처럼 장문의 콘텐츠보다는 가볍고 자주 소통하는 것이 좋다. 현장 사진, 계약 완료 후 고객과의 인증 사진, 동네 맛집 소개, 공실 정보 등도 인스타그램에서는 훌륭한 콘텐츠가 될 수 있다. 특히 개인 브랜딩을 강화하고, 고객과의 거리감을 좁히는 데 효과적이다. 지극히 인간미를 추구하며 친근하게 소통할 수 있는 매개체로 진행하길 추천한다.

결국 퍼스널 마케팅은 모든 플랫폼을 동일한 방식으로 운영할 수 없다. 각 플랫폼의 특성에 따라 역할을 분리하고, 메시지의 전달 방식을 다르게 가져가야 한다. 여러 개를 다 하는 것도 좋지만, 여의치 않다면 본인이 꾸준하게 잘 운영할 수 있는 것부터 잡고 가길 바란다.

2
실전 브랜딩 : 오늘 바로 시작하기

    퍼스널 브랜딩은 분야, 직업군을 막론하고 그 힘이 막강하다. 자신을 브랜딩 하는 것, 그것만큼 가치 있는 것은 없다. 기업들이 상표 하나로 전쟁을 하고, 상표권과 특허권, 각종 브랜드에 관한 권리로 무지막지한 금액을 지불한다. 그 이름값은 동산, 부동산, 사람을 가리지 않고 각각의 값어치를 한다. 필자가 정말 힘들게 보낸 20대 시절, 꼭 다짐했던 것이 있었다. 똑같은 24시간이 공평하게 주어지지만, 불공평하게 써야 결과가 공평하게 나올 것이라는 믿음이다.(필자의 나무위키에도 어록으로 등록되었다.) 즉, 누군가 자고 먹고 놀고 아무것도 안 할 때, 공부하고 일하고 갈고 닦으면 그 불공평한 과정에 걸맞은 결과가 공평하게 주어질 것이라는 믿음이다. 그리고, 같은 24시간이 주어졌어도 시간 대비 가치를 높일 수 있는 것은 ①외모를 활용하거나 ②말을 잘하여 활용하거나 ③머리가 좋아서 또는 지식이 많아서 이를 활용하는 것이다. 앞선 3가지 중 하나라도 특출나거나 남들보다 뛰어나면, 그것으로 같은 시간 대비 더 높은 가치를 얻을 수 있다. 필자는 그 모든 것이 퍼스널 브랜딩에 포함된다고 생각하여 본 챕터를 구성한 것이다.

　필자가 처음 강의를 시작할 때는 말도, 경력도, 자료도, 지식도 다 부족했다. 그때도 물론 불러준 곳에 감사할 따름이지만, 지금은 그에 비해 필자의 시간당 가치는 10배 이상 늘어났다. 하루에 마음먹으면 벌 수 있는 돈도 일한 시간에 비례하지 않는다. 상방이 열려있다. 물론, 하방도 열려있지만 말이다. 시급 3천 원으로 시작했던 20살의 아르바이트, 그리고 군 전역 후 4천 원으로 시작해서 하루 10시간을 일해도 4만 원을 겨우 받았던 그때의 힘든 기억을 가끔 되뇌어보기도 한다. 지금은 같은 10시간을 사용한다면, 10배 혹은 100배의 금액을 벌 때도 많다. 비단 나이가 든다고 수입이 늘어나는 것이 아니다. 필자는 절실했고, 간절했다. 도움을 받을 곳도, 기댈 곳도 없었기에 필사적이었다. 그렇기에 '나'에 대한 확신으로 나를 브랜딩 해야 했다. 여러분도 절실함과 믿음이 있다면, 시작하자. 여러분을 알리자.

얼굴을 드러낼 것인가, 숨길 것인가 : 익명 vs 실명

공인중개사가 유튜브를 통해 퍼스널 마케팅을 할 때 반드시 고민하게 되는 지점 중 하나는 얼굴을 공개할 것인가, 가릴 것인가에 대한 문제이다. 이는 단순한 노출 여부를 넘어, 콘텐츠의 방향과 채널의 정체성, 나아가 고객과의 관계 방식에도 영향을 미친다.

얼굴을 보이는 방식은 신뢰 형성에 유리하다. 부동산이라는 분야는 본질적으로 '사람 간 신뢰'가 핵심이다. 얼굴을 드러낸다는 것은 책임을 함께 지겠다는 무언의 메시지이며, 시청자에게는 '어떤 사람이 이 영상을 만들었는가'라는 기본적인 궁금증을 해소시켜준다. 특히 현장에서의 경험을 바탕으로 말할 때, 표정과 말투, 제스처가 함께 전달되면 설득력과 몰입도가 높아진다. 브랜딩 측면에서도 얼굴을 드러내는 채널은 캐릭터가 분명히 잡히기 때문에, '나'를 콘텐츠화하는 데 유리하다. 얼굴은 하나의 시그니처가 되고, 반복적으로 노출되면서 점차 친근함과 인지도를 쌓아간다. 얼굴을 보이는 콘텐츠는 결국 '사람'을 중심에 두는 방식이다.

하지만 단점도 있다. 얼굴을 노출한다는 것은 곧 사생활 일부가 공개된다는 뜻이다. 특히 크고 작은 악플이나 불특정 다수의 평가에 노출될 수 있으며, 일상적인 외모 관리, 촬영 환경 준비 등 추가적인 부담이 생긴다. 또 영상 속 이미지가 실제 중개 현장에서의 인상과 다를 경우, 기대와 현실 사이의 간극이 생기기도 한다.

반대로, 얼굴을 가리는 방식은 콘텐츠의 '정보'에 더 집중할 수 있게 만든다. 자료화면, 내레이션, 화면 캡처 중심의 콘텐츠는 얼굴을 드러내지 않더라도 충분히 유용한 정보를 전달할 수 있다. 특히 초기에는 부담 없이 시작할 수 있다는 점에서 진입장벽이 낮다. '사람'보다는 '내용'으로 승부하겠다는 전략이다. 이 방식은 시간과 환경에 구애받지 않고 촬영이 가능하다는 점에서 효율적이다. 외모나 배경, 옷차림을 고려하지 않아도 되기 때문에 콘텐츠 제작에 집중할 수 있다. 또한 얼굴이 알려지지 않기 때문에 개인 신변 보호에도 유리하다.

하지만 그만큼 신뢰와 친근감 형성에는 시간이 더 걸린다. 얼굴이 보이지 않는 채널은 '실체 없는 정보'처럼 느껴질 수 있으며, 결국 음성과 말투만으로 브랜딩을 해야 하므로 인상 남기기가 어렵다. 또한 시장에는 이미 얼굴 없는 채널들이 많기 때문에, 차별화의 측면에서도 고민이 필요하다.

결론적으로, 얼굴을 보일 것인가 가릴 것인가는 '콘텐츠의 무게 중심'을 어디에 둘 것인지에 따라 달라진다. 얼굴을 보이는 유튜브는 '사람 중심, 신뢰 중심'의 채널이 되기 쉽다. 얼굴을 가리는 유튜브는 '정보 중심, 효율 중심'의 채널이 되기 쉽다. 어느 쪽이든 정답은 없다. 하지만 하나는 분명하다. 자신의 콘텐츠 방향과 일관성 있게 연결된 선택일 때, 얼굴 공개 여부는 무기가 된다. 그리고 필자 역시 얼굴을 공개하고 촬영을 하고 있다. 많은 이들이 유튜브를 하고 싶어 하지만, '자신감이 없어서', '악플이 무서워서', '얼굴 알려지는 게 싫어서'라는 이유 등으로 이를 거부한다. 우리는 광고비 없이, 방송 장비 없이도 1인 방송인이 될 수 있는 시대에 살고 있다. 실제로 이 1인 방송으로 유명인이 되는 경우는 비일비재하여 일일이 사례화할 수 없을 정도다. 내성적이어서 유튜브를 못하겠다면, 유튜브를 권하기 어려울 수 있다. 다만, 악플이 무서워라는 이유는 필자 기준에 구더기 무서워서 장을 못 담그는 우매한 행동이라고 느껴진다. 전문가로서 멀리 보고 성장하려면, 얼굴을 노출하고 채널을 함께 성장시키며 비례하여 성장하는 것을 추천한다. 사무실에서 촬영을 하여 집이라는 공간과 철저히 분리하고, 전문성을 갖추어 영상으로 만나보던 이를 실제로 만나는 신기함을 함께 느끼게 하자. 여러분이 유명해지면, 무엇을 해도 돈이 될 것이다. 그리고 그 가치는 급격하게 상승할 것이다.

  여러분의 퍼스널 마케팅이 유명해지는 것이 목표가 아니더라도, 여러분의 전문성과 가치가 높아지는 것은 명실상부하기 때문에 중개업을 하며 이점이 많이 생길 것이다. 일례로, 필자가 예전에 강남쪽 중개를 하게 되어 해당 지역의 중개사무소들에 전화를 한 적이 있다. 그때, '이승주공인중개사사무소'라고 했더니 필자를 유튜브에서 봤다며 공동중개를 원래 안 하는데, 해주겠다고 했다. 다른 일화로, 필자의 아는 동생이 자신이 고용한 직원의 집을 구해주러 다니던 때 어깨가 올라갔던 사례다. "저 친한 형이 사당동에서 공인중개사사무소를 하고 있어요."라고 했단다. "거기 이승주 공인중개사님 유명하잖아요. 저 그분 유튜브 팬인데."라고 했단다. 기분이 좋았다. 사람이 이름을 좋은 쪽으로 알리게 되면, 그만큼 책임과 무게가 따르지만 그에 따른 좋은 점들도 많이 생긴다. 여러분을 마케팅하자. 내세울 것 하나 없던 필자도, 여기까지 왔다.

우와~ 실제로 뵈니 신기하네요!

"우와~ 실제로 뵈니 신기하네요!"라는 말은 유튜브를 하기 전, 필자가 다른 부동산 유튜버를 방문했을 때 했던 말이다. 당시 필자가 방문했던 유튜버의 구독자는 3천 명이었는데, 그럼에도 필자가 정말 신기해했던 기억이 아직도 생생하다. 지금은 필자를 방문하는 이들이 필자에게 그렇게 이야기한다. 구독자 2만 명도 안 되는 소형 채널이지만, 전문 영역이자 콘텐츠의 특성을 감안할 때 해당 업계에서는 인지도가 부족한 편은 아니라고 판단된다. 실제로 위와 같은 말을 들었다는 것은 퍼스널 브랜딩이 제대로 작동했을 때 들을 수 있는 가장 상징적인 반응 중 하나이다. 이는 단순한 인사 이상의 의미를 지닌다. 유튜브나 온라인 플랫폼을 통해 자신을 지속적으로 알리고, 전문성, 진정성, 개성을 담아낸 콘텐츠를 꾸준히 쌓아온 사람에게만 주어지는 '현실 세계의 반응'이다. 사람들은 유튜브 영상 속에서 자주 보고 들었던 그 목소리, 말투, 표정, 이야기들이 현실 속에서 눈앞에 펼쳐지는 순간, 마치 유명 인사를 만난 듯한 놀라움과 반가움을 느낀다. 그것이 바로 "신기하다"라는 감탄으로 표현되는 것이다. 이러한 반응은 단순히 누군가에게 유명해졌다는 의미를 넘어선다. 이는 신뢰와 기대감이 실제 만남으로까지 이어졌다는 방증이다. 온라인에서 보여주던 모습이 꾸며진 이미지가 아니라, 진짜 그 사람의 일상과 태도, 가치관이라는 확신이 드는 순간, 사람들은 마음을 열고 깊은 신뢰를 보이게 된다. 즉, 퍼스널 브랜딩은 단순한 '인지도 확보'가 아니라 '신뢰의 구축'이라는 결과로 귀결된다.

특히 유튜브는 그 어떤 플랫폼보다도 이 신뢰 구축에 유리한 환경을 제공한다. 시청자들은 자주 접하게 되는 얼굴, 자연스러운 말투, 반복적으로 전달되는 메시지를 통해 '익숙함'을 느끼게 되고, 이는 곧 신뢰로 전이된다. 그러다 실제로 그 사람을 오프라인에서 만나게 되었을 때, "영상에서 보던 분이 실제로 여기 계시다니!"라는 감동 섞인 반응이 자연스럽게 나오는 것이다. 이처럼 유튜브 기반의 퍼스널 브랜딩은 나를 '기억하게 만들고', '기대하게 만들며', '실제로 만났을 때 더 큰 신뢰'를 이끌어내는 강력한 무기이다. 이를 악용하라는 의미는 절대 아니다. 연예인 병에 걸려 허세 부리고 다니라는 의미도 전혀 아니다. 이름값을 높이면 그만큼 본인에게 다가오는 손님의 눈빛과 발걸음이 기대감으로, 그리고 여러분의 기분이 뿌듯함으로 바뀔 것이기에, 그리고 여러분의 시간 대비 수입과 그 가치가 차원이 달라질 것이기에 강조하는 것이다. 직접 느껴보자. 팬이라서 꼭 와보고 싶었다는 기쁜 인사를, 그리고 떨리는 손을 내밀며 내가 쓴 저서를 들고 와 사인을 요청하는 그 감사한 마음을, 나를 귀하게 대해주는 그들의 눈빛을.

 **성공키트⑥ 퍼스널 브랜딩을 위한 무료 어플 리스트**

① **캡컷** : 틱톡(TikTok)을 만든 바이트댄스에서 출시한 영상 편집 앱이다. 초보자도 쉽게 사용할 수 있는 직관적인 인터페이스와 다양한 효과, 템플릿이 강점이다. 릴스나 쇼츠 제작에 특히 유용하다.

② **포토룸** : 사진 누끼따기가 대표적 기능이다. AI가 자동으로 사진의 배경을 제거하고 원하는 배경으로 교체해줘 썸네일, 프로필 만들기 좋다.

③ **망고보드** : 카드뉴스, 썸네일 등 다양한 템플릿을 제공한다. 동영상 템플릿, GIF 등 쉽게 제작 할 수 있다.

④ **캔바** : 디자인 툴의 '국민 앱'으로 불릴 만큼 사용이 쉽다. 인스타그램 릴스, 유튜브 썸네일, 블로그 포스팅 등 다양한 템플릿을 제공하여 초보자도 전문가 수준의 결과물을 만들 수 있다.

⑤ **미리캔버스** : 캔바와 유사한 국내 서비스다. 저작권 걱정 없는 무료 폰트와 이미지, 템플릿을 풍부하게 제공하여 특히 한국적인 콘텐츠 제작에 강점이 있다.

⑥ **어도비 익스프레스** : 포토샵으로 유명한 어도비에서 만든 무료 디자인 툴이다. 기존 어도비 제품의 강력한 기능 일부를 쉽게 사용할 수 있도록 제공하며, 다양한 템플릿과 폰트를 활용할 수 있다.

⑦ **브루** : AI 기술을 활용해 영상의 음성을 자동으로 텍스트로 변환해주는 서비스다. 자막 작업 시간을 획기적으로 줄일 수 있어 유튜브 영상 제작에 필수적인 도구다.

⑧ **눈누** : 개인 및 상업적으로 무료 사용이 가능한 한글 폰트를 모아놓은 사이트다. 블로그, 카드뉴스, 영상 등 다양한 콘텐츠의 가독성을 높이는 데 활용할 수 있다.

⑨ **픽사베이** : 고품질의 무료 이미지와 동영상, 음원 소스를 제공하는 사이트다. 저작권 걱정 없이 상업적 용도로도 사용 가능하여 블로그 포스팅이나 영상 콘텐츠의 배경 자료로 활용하기 좋다.

* 모든 어플, 사이트가 유료 버전이 존재한다. 처음에는 무료를 사용하고 본인과 맞는 것을 골라 유료를 사용하는 것도 좋다. 또한 휴대폰 어플 뿐 아니라 PC버전도 있는 경우가 대부분이다.

마치며

 꾸준함이 가장 큰 재능이자, 성실함이 가장 큰 무기다.

　여러분이 여기까지 책을 잘 읽었다면, 생각보다 많은, 좋은 꿀팁들을 얻었을 것이라 확신한다. 필자가 본서에서 해줄 수 있는 부분은 여기까지다. 결국 그 이후의 향방은 여러분의 몫이다. 다만, 확실한 것은 여러분이 책을 읽는 습관이 있는 사람이라는 사실, 그리고 열정과 의욕이 가득하기에 중개 실무서를 찾아 읽어본다는 사실이다. 그렇기에, 필자는 믿어 의심치 않는다. 여러분이 반드시 중개업에서 '부족함 없이' 헤쳐나갈 수 있을 것을 말이다.
　친했던 두 친구가 나이가 들어 한 명은 기업의 회장이 되고, 한 명은 배추를 팔게 되는 결과는 타고난 부모님의 재산도 아니었고, 누구 한 명의 탁월한 무엇인가가 아니었다. 한 명은 성실하게, 꾸준하게 일을 하다 보니 하늘이 스스로 돕는 자를 도왔다. 한 명은 중간에 요행도 바라고, 빠른 길로 가려고도 했다. 높은 상공에서 도로의 상황을 촬영한 기록을 본 적이 있다. 계속 차선을 요리조리 바꾸어 앞질러 가봤자, 차분히 일직선으로 정주행하는 차와 도착하는 시간이 별반 다르지 않았다. 토끼와 거북이의 사례는 말할 것도 없다. 필자 역시 그렇다. 늘 자주 하는 말인데, "저는 타고난 것은 없고, 잘난 것도 없어요. 다만, 꾸준함 하나만큼은 누구에게도 지지 않을 자신이 있어요."다. 고맙게도 나무위키에도 그 말이 등록되었다. 그만큼 자신한다. 꾸준함과 성실함은 자신 있다고 말이다.

여러분이 다른 부분에서 재능이 있다면, 그 재능을 살리면 된다. 사업 수완이 좋아서 정말 획기적인 방법으로 중개업을 성공시키는 사례도 가끔 보았다. 또는 인물이 훌륭해서, 방송에 나가는 이도 있다. 우연히 시작한 유튜브가 잘 되어 웬만한 연예인보다 유명한 인플루언서가 되는 경우도 있다. 그 길은 누구도 알지 못한다. 본인 자신도 모른다. 다만, 그전에 꾸준함과 성실함, 부단한 노력이 선행되었음은 틀림없다.

사람들은 과정을 모른다. 결과만 본다. 필자의 노력도, 고생도 많은 이들은 모른다. 하지만 결국에, 언젠가는, 알게 된다. 적어도 본인이 알고, 주변이 안다. 꾸준하게, 성실하게만 해보자. 그렇게 해서 밥을 빌어먹고 사는 이는 보지 못했다. 적어도, 남에게 부끄럽지 않은 수준으로 살아가고 더 많은 이들은 성공을 했다. 꾸준함이 가장 큰 재능이자, 성실함이 가장 큰 무기가 된다. 특히, 중개업에서 그 자체만으로 큰 차별화가 될 것이다.

혁신가가 될 게 아니라면, 어차피 레드오션에서 시작한다.

본서는 타고난 머리를 가졌거나, 타고난 사업 수완이 있는 1%들을 대상으로 쓴 책이 아니다. 필자 역시 그런 1%가 아닌 지극히 평범한 사람이다.

필자가 처음 개업할 때, 아니 그전으로 거슬러 올라가 공인중개사 공부를 할까 말까 고민할 때부터도 부동산 경기에 대해, 공인중개사 전망에 대해 말이 많았다. '공인중개사가 포화다, 공인중개사 폐업률이 높다, 미래가 없다' 등 매년 있는 일이다. 오늘날에도 하루가 멀다 하고 뉴스에 나오는 이야기일지도 모른다. 특히, 중개사들이 개입하여 사기를 치고, 고객을 기망하는 등 안 좋은 사례들은 같은 중개사로서 눈살을 찌푸리게 한다. 모든 중개사가 그랬다면, 중개업은 이미 망했을 것이고 나라에서 중개사 제도에 대해 칼을 빼들었을 것이다. 제도적인 개편, 중개사에 대한 제재가 강화되고 있는 것은 사실이다. 다만, 그것은 조금 더 번거로워지는 정도일 뿐, 성실하게, 거짓 없이 일하고 있는 중개사들에게는 큰 제약이 되지 않는다.

필자가 끝으로 하고 싶은 말은 바로 이것이다. 중개사 공부를 하고, 합격을 해서 이 일을 할 것이라면, 어차피 중개업은 오래전부터 레드오션 시장이었다. 필자가 공부할 때도 이미 늦었고, 포화였고, 레드오션이라는 말은 매일같이 들었다. 그럼에도 불구하고, 여러분은 레드오션 안에서 블루오션을 찾을 수 있다. 일단 해보고, 안 맞으면 그때 생각해도 된다. 혁신가가 되어 기술을 개발하고 누구도 하지 못하는 1%의 업적을 만들 것이 아니라면, 어차피 우리는 중개업이라는 레드오션 안에서 시작한다. 누구나 출발선은 같다. 레드오션 안에서 블루오션을 찾자. 작은 영업스킬들을 모아 사막에서 오아시스를 찾는 것이다. 7년 차, 필자는 이제 생계에 대한 걱정은 하지 않는다. 그 사실만으로, 지금 충분히 감사하고 또 행복한 삶을 살고 있다고 생각한다. 이 모든 것은, 레드오션 안에서 일어난 일이다. 기억하자. 여러분의 경쟁력과 여러분의 앞날은, 여러분이 만드는 것이다.

초보중개사를 위한 '용어' 특별부록

등기 용어 및 기초

① 기입등기

새로운 등기원인에 의하여 어떤 사항을 등기부에 새로이 기입하는 등기

② 변경등기

후에 등기된 사항에 변경이 생겨 실체관계와 불일치할 때 바로잡기 위한 등기

③ 경정등기

원시적으로 실체관계와의 사이에 불일치가 생긴 경우 바로잡기 위한 등기

④ 말소등기

등기에 대응하는 실체관계가 소멸로 없어진 경우 기존의 등기 전부를 말소하는 등기

⑤ 멸실등기

등기된 부동산이 전부 멸실된 경우에 행하는 등기

⑥ 주등기

순위번호란에 독립된 번호가 부여된 등기

⑦ 부기등기

주등기의 순위 번호에 가지번호를 붙여서 하는 등기

⑧ 소유권보존 / 소유권이전

최초 소유자에게만 붙는 칭호 '소유권보존'.
2번째 주인부터는 '소유권이전'

⑨ '~설정'

설정이란 소유자가 자신이 가진 소유권에 기하여 소유권 이외의 권리를 창설하는 것을 말한다. 이러한 권리를 창설해 준 자를 '권리의 설정자'라고 하고, 권리를 받은 자를 '권리자'라고 한다.

예) 근저당권설정자 - 자신의 부동산에 근저당권을 설정해 준 돈을 빌린 채무자나 제3자(등기의무자)

근저당권자 - 대출을 해 준 은행 등 근저당권의 권리를 갖게 된 자 (등기권리자)

예) 전세권설정자 - 부동산에 전세를 설정해 준 자를 말하고, 등기를 하지 않는 채권적 전세의 경우에는 임대인을 칭한다.

전세권자 - 부동산에 전세권을 갖게 된 자를 말하고, 등기를 하지 않는 채권적 전세의 경우에는 임차인을 칭한다.

⑩ 순위 확정의 효력

같은 구에서 한 등기 상호 간에는 순위 번호에 따르고 다른 구에서 한 등기 상호 간에는 접수번호에 따름(동. 순 / 별. 접)

⑪ 등기의 '추정력'

'추정'은 증명하면 깨진다. '간주 = 본다 = 의제 한다'와 다르다.

⑫ 등기의 '저지력'

어떠한 등기가 실체법상 무효일지라도, 그 등기된 권리를 말소하지 아니하는 한 이와 양립이 불가능한 등기는 할 수 없다.

⑬ 법률상 허용되지 않는 등기의 효력

설사 등기를 하였더라도, 법률상 허용되지 아니한 등기는 당연무효가 되며 등기관이 '직권말소'한다.

⑭ 토지 소유권 보존등기를 할 수 있는 자

[법 65조]

토지대장 또는 임야대장에 최초의 소유자로 등록되어 있는 자 또는 그 상속인, 그 밖의 포괄승계인 확정판결에 의하여 자기의 소유권을 증명하는 자.

수용으로 소유권을 취득하였음을 증명하는 자.

건물 소유권 보존등기를 할 수 있는 자 역시 크게 다르지 않다.

⑮ 상속으로 인한 소유권이전등기 시 상속순위 파악하기

[상속순위]

제1순위 피상속인의 직계비속과 피상속인의 배우자

제2순위 피상속인이 직계존속과 피상속인의 배우자

제3순위 피상속인의 형제자매

제4순위 피상속인의 4촌 이내의 방계혈족

(1991.1.1. 이전에는 8촌 이내였으나 변경되었다.)

⑯ 유증으로 인한 이전등기란?

유언자가 유언에 의하여 유언자의 재산 전부 또는 일부를 특정인에게 증여하는 것을 말한다. 수증자를 등기 권리자로, 유언집행자 또는 유언자를 등기의무자로 하여 공동으로 신청하여야 한다.

⑰ 진정명의회복이란?

소유권자가 등기명의의 회복을 위해서 등기명의인들을 상대로 차례로 등기의 말소를 청구할 수 있지만, 상당한 시간이 걸리고 패소의 위험도 있기 때문에 최종 등기명의인을 상대로 하여 직접 이전 등기를 구하는 것을 말한다.

[법적 근거]

민법 제214조 소유권에 기한 방해배제청구권 : 소유자는 소유권을 방해하는 자에 대하여 방해의 제거를 청구할 수 있다.

[발생 원인 대표 사례]

명의신탁등기 : 명의신탁으로 명의를 빌려준 자가 자신의 등기를 되찾아오고 싶을 때

위조등기 : 위조된 계약서를 바탕으로 허위의 등기를 되찾아오고 싶을 때

착오로 인한 명의이전 : 착오로 인한 잘못된 명의이전을 되찾아오고 싶을 때

이미 자기 앞으로 소유권을 표상하는 등기가 되어 있었거나 법률에 의하여 소유권을 취득한 자 즉 소유자만이 진정한 등기명의의 회복을 원인으로 한 소유권이전등기절차의 이행을 직접 구할 수 있다. (대판 1990.11.27. 89다카12398전합)

⑱ 중개대상물의 공장재단, 광업재단의 설정 목적은?

재단 설정을 하는 목적 자체가 바로 '저당'설정을 위해서다. 재단으로서 공장 또는 건물과 토지에 속하거나 부합된 물건, 기계, 공용물 등을 묶어 재단으로 표시함으로써 재단을 하나의 저당 객체로 만드는 것이다.

공작물, 기계, 기구, 전봇대, 전선, 배관, 레일 그 밖의 부속물이 해당된다. 항공기, 선박, 자동차 등 등기나 등록이 가능한 동산과 지상권 및 전세권, 임대인이 동의한 물건의 임차권, 지식 재산권 등의 무체재산권의 권리의 일부 또는 전부를 의미하기도 한다.(공장저당법 13조) 이 법은 1963년부터 시행되어 왔으며 현재까지 꾸준히 개정되며 발전해 왔다. 해당 법은 산업재산권인 특허권, 실용신안권,

디자인권, 상표권 그리고 동산인 기계 기구와 생산시설 등 여러 가지 물건들을 하나의 집합물로 묶어 담보로 설정할 수 있도록 허용한다. 이를 통해 기업들은 자금 조달을 더욱 용이하게 할 수 있으며 은행들도 안정적인 대출 업무를 진행할 수 있게 되는 것이다.

광업권은 생소할 수 있는데, 광산에서 채굴 활동에 직접 이용되는 지상 기기(동력 장치, 압축기, 권양기 등), 지하 갱도 설비(채탄용 컨베이어, 배수펌프 등), 매장물 기타 공작물 일체뿐만 아니라 채광 작업에 부수하여 보조적으로 사용되거나 그 효용을 높이기 위하여 설치한 일반 공작물(사무실, 변전실, 창고 등)까지도 모두 포함된다는 점을 유의해야 한다. 한편 여기서 말하는 '매장물' 이란 광물 이외에도 유적, 고분에 매장되어 있는 보석, 진주, 도자기 따위뿐만 아니라 아직 발견되지 않은 미발견품 또한 포함된다고 볼 수 있다.

⑲ 저당 설정 절차

1. 공장과 광업용 시설을 광업재단으로 구성한다.

광업재단은 공장과 광업용 시설을 하나의 재산으로 묶어 놓은 것이다.(이때 광업재단을 구성할 때는 각 시설의 종류와 수량, 가치 등을 정확하게 파악해야 한다.)

2. 광업재단 설정등기를 한다.

광업재단 설정등기를 하면 광업재단이 공식적으로 인정된다.(광업재단 설정등기를 하기 위해서는 관할 등기소에 광업재단 등기신청서를 제출해야 한다.)

3. 저당권을 설정한다.

저당권을 설정하면 타인이 광업재단을 압류하거나 경매를 신청할 수 있다.(저당권을 설정하기 위해서는 채권자와 채무자, 저당권의 내용 등을 명시한 저당권 설정 계약서를 작성해야 한다.)

공장 및 광업재단 저당법은 공장과 광업용 시설을 함께 저당 잡기 위한 유용한 법적 제도이다. 이 법을 이용하여 공장과 광업용 시설을 함께 저당 잡으면, 기업은 보다 안전하게 시설을 보호하고 유지할 수 있다. 참고로, 공장재단등기부에 소유권보존등기를 하여 설정하며, 소유권보존등기의 효력은 소유권보존등기를 한 날부터 10개월 내에 저당권설정 등기를 하지 않으면 효력이 상실된다.(공장저당법 제11조)

중개 실무 용어 기초

① 보상 vs 배상

보상이란 공익 목적을 위해 개인의 재산권을 제한하거나 침해할 때, 정당한 대가를 지급하는 것을 말한다. 이는 적법한 공권력의 행사에 따른 손실에 대해 국가나 공공기관이 지급하는 금전적 대가이다.

반면 배상이란 위법한 행위로 인해 발생한 손해를 회복하기 위해 가해자가 피해자에게 책임을 지고 금전 등을 지급하는 것을 말한다. 배상은 민사적 책임에 근거하며, 주로 불법행위나 계약 위반의 경우에 적용된다.

즉, 정리하자면 보상은 '합법적 행위'(허가를 받아 시행하는, 공익을 위한 공사나 개발)로 인한 손실에 대한 경제적인 대가를 말한다. 배상은 '불법적 행위'(부당한 방법으로 이득을 갈취, 폭행 등)로 인한 피해에 대한 법적 책임을 부과시키는 것으로 강제성이 있다.

② 해제 vs 해지

해제는 소급효라고 한다. 즉, 소급해서 효력을 없애는 것이다. 이미 성립된 계약을 소급하여 처음부터 없던 것으로 만드는 효력이 있으며, 계약 체결 시점까지의 법률효과를 모두 소멸시킨다. 주로 계약의 이행 전 단계에서 문제가 발생했을 때 행사된다. 그래서 계약 시 계약을 깨는 것을 계약의 해제라고 하는 것이다.

반면, 해지는 장래효라고 한다. 해지는 계약을 해지한 시점부터 장래에 향한 효력을 없애는 것으로, 그 이전까지의 효력은 유효하게 유지된다. 이는 주로 계속적인 계약 관계에서 사용되며, 계약을 장래에 향해서만 종료시킨다. 필자가 강의 시 자주 활용하는 예시로, 약정을 한 렌탈 서비스 계약을 종료하려고 할 때를 든다.

③ 재건축 vs 재개발

재건축은 노후된 공동주택, 주로 아파트를 대상으로 기존 주거환경을 개선하고자 기존 건물을 철거하고 새로 짓는 사업이다. 재건축의 중요한 포인트는, 대상 지역이 이미 도시기반시설 등 SOC가 갖춰진 곳이 특징이라는 점이다.

반면 재개발은 주로 도로나 상하수도 등 도시기반시설이 열악한 지역을 정비하고, 주거환경을 개선하는 사업으로, 단독주택과 다세대주택이 혼재된 낙후지역에서 시행되는 경우가 많다. 그래서 필자는, 외울 때 '발-악'으로 외웠다. 재개발은 열악하다는 뜻이다.

④ 적용 vs 준용

적용이란 법률이나 규정을 해당 사안에 직접적으로 그대로 사용하는 것을 말한다. 해당 조항의 본래 취지와 범위 안에서 있는 그대로 대입하는 개념이다.

반면, 준용은 특정 법률이나 규정을 본래의 대상이 아닌 다른 사안에 유사하게 간접 적용하는 것으로, 법적 유사성을 바탕으로 필요한 부분만을 골라 참조하는 것이다. 특정 조문이 있다면 그 조문을 그대로 쓰는 적용과 달리 그 규정과 성질이 유사한 규율 대상에 대해 그 성질에 따라 다소 수정하여 유사하게 사용하고 그에 맞게 쓰는 것을 말한다.

⑤ 추정 vs 간주

추정이란 법률적으로 확실하지 않은 사실을 추측해서 우선적으로 정하는 것을 표시하는 단어이다. 추정은 좋은 쪽으로 추측하게 된다. 추정은 다투는 자가 반대 사실을 증명하면 추정은 깨어진다. 하지만 반대 사실을 증명하지 못하면 추정은 유지된다.

범죄를 저지른 것으로 의심되는 사람인 경우 범죄를 저지르지 않은 무죄라고 추정을 해야 한다. 범죄를 저지른 사실을 증명하면 추정은 깨어지고 유죄로 처벌을 받게 되지만, 범죄를 저지를 사실을 증명하지 못하면 무죄의 추정은 유지되어 처벌을 받지 않는다.

반면, 간주는 공익 또는 법정책상의 이유로 사실에 부합하는지와 상관없이 일정한 사실을 기정사실로 확정하는 것을 표시하는 단어이다. 간주는 다투는 자가 반대 사실을 증명하더라도 이미 간주된 것 자체가 바뀌지 않는다. 간주 = 본다 = 의제는 같은 뜻으로 혼용되어 사용된다.

세법에는 세금고지서를 발송하는 즉시 도달된 것으로 간주하는 제도가 있다. 이사를 해서 세금고지서를 받지 못했다는 사실을 증명해도 이미 도달한 것으로 간주된 부분이 바뀌지 않기 때문에 미납된 세금에 대해 과태료가 부과된다.

⑥ 간인 vs 계인

간인이란 문서와 문서 사이에 도장을 찍는 것으로 여러 장의 문서에 걸쳐 내용을 연결하는 목적으로 장과 장 사이의 연결 부분에 날인을 하는 것을 말한다. 이는 문서의 위변조를 방지하기 위한 방법이기도 하다. 즉, 연결되어 있음을 알리는 취지가 주된 의미다. 일반적으로 한 문서가 여러 장일 때 앞장을 일부 접어 다음 장과 함께 도장을 찍는다. 행정기관에서도 이 방법을 자주 사용하는데, 한 건의 문서가 여러 장일 때 간인을 통하여 문서가 이어졌음을 증명하는 것이다.

반면 계인은 계약의 당사자들이 도장을 찍는 것으로 계약 당사자가 공동으로 하나의 문서를 작성할 때, 각자의 인감을 찍어 문서의 효력을 인정하는 것을 말한다. 이는 공동 당사자들이 각자의 계약서의 연결성을 보장하기 위하여 계약서가 여러 장일 경우 관계를 증명하기 위하여 사용한다. 일반적으로 실무에서 계약서 여러장을 포개어 한 장처럼 쭉-이어지도록 서명 또는 날인을 받는다. 대부분은 "간인 하세요."라고 하지만, 이는 '계인'의 방식인 것이다.

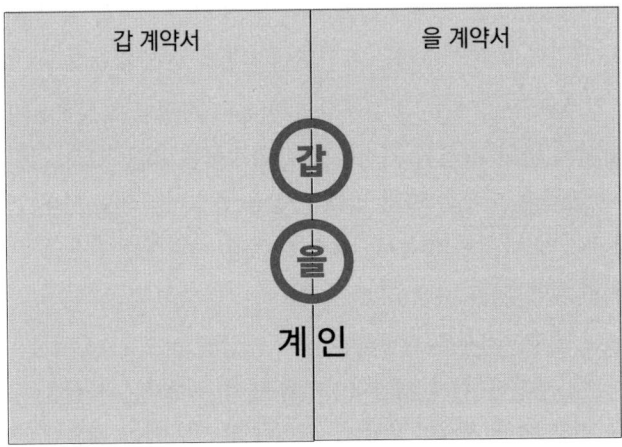

[당사자 여러 명, 여러 장의 계약서] - 계인

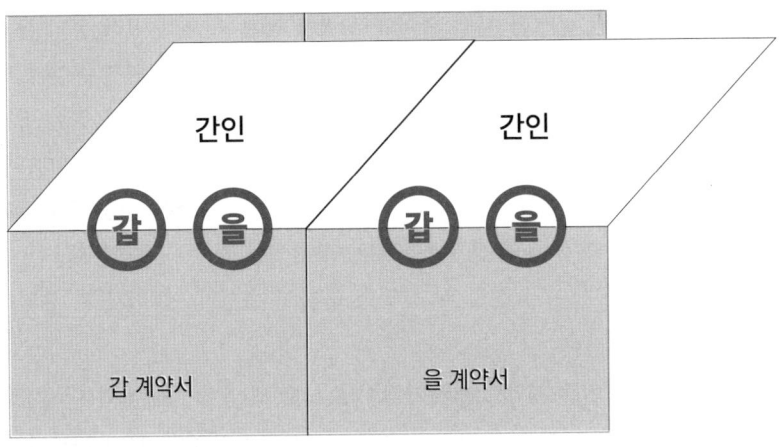

[한 문서 내 여러 장일 경우] - 간인

MEMO

위패스 실무아카데미
이승주 행정사 · 공인중개사의 중개실무 강의 및 자료를 만나보세요

중개실무 성공법칙

초판 1쇄 인쇄   2025년 08월 25일
초판 1쇄 발행   2025년 09월 10일

글   이승주

발행인   윤혜영
편 집   진연·김효선
디자인   김효선

펴낸곳   로앤오더
주 소   서울특별시 성동구 왕십리로8길21-1 2층
전 화   02-6332-1103 | **팩 스** 02-6332-1104
이메일   lawnorder21@naver.com
블로그   blog.naver.com/lawnorder21

ISBN   979-11-6267-510-6 (13320)
가 격   22,000원

담아는 로앤오더의 출판 브랜드입니다

파본은 본사에서 교환해 드립니다.
이 책은 저작권법에 따라 보호받는 저작물이므로 무단복제를 금지하며 이 책 내용의 전부 또는 일부를 이용하려면 반드시 저작권자와 로앤오더의 서면 동의를 받아야 합니다.

ⓒ 이 책에 사용된 서체는 감탄로드탄탄체, Pretendard, G마켓 산스, Kopub바탕체, Kopub돋움체를 사용하였습니다.